要説 人間関係論

青池　愼一
小川　待子
小玉　敏彦
広瀬　隆雄
福井　要
山口　一美　共著

Human relations

樹村房
JUSONBO

まえがき

　本書は，人間関係についての理解を深めるために，人間関係の諸側面をさまざまな視点からとりあげ論じているものである。

　すなわち，人間関係の諸相，人間関係の形成の過程や諸要因，人間関係と対人行動，人間関係とコミュニケーションとの関わり，組織における人間関係の問題，人間関係を取り巻く重要な環境変化と人間関係などが論じられているのである。

　今日，本書の主題である人間関係に対する，人々の関心や問題意識はきわめて高いものであると言ってよいであろう。人間関係がきわめて重要であるという想いは，多くの人々に実感として共有されている感慨であろう。

　人間関係は，社会の基本的構成要素の一つなのである。私たちは，人間関係のネットワークに位置づいている存在なのである。私たちの社会生活やさまざまな社会的活動は，人間関係のネットワークの中で，そして，人間関係との関わりの中で，行なわれているのである。

　人々の人間関係が重要であるという実感は，まさにこれらのことに由来すると言ってよいであろう。

　本書が，人間関係論を学ぶ学生諸君の学習，研究活動に，そして人間関係に関心を持つ方々の知的関心に貢献できることを念願している。

　なお，本書において，人間関係概念は，人と人とが相互に何らかの関係を持っていることとして用いられていると言ってよいであろう。

2003年3月
執筆者の一人として
青池 愼一

も く じ

まえがき

1章　人間関係と人間関係の諸相 ……………………（小玉）1
1．ライフステージにおける人間関係の諸相 ……………………1
（1）幼年期の自己形成―母子関係 ……………………1
（2）少年期の自己形成―家族関係 ……………………3
（3）学校における人間関係―友人関係 ……………………5
（4）職場における人間関係 ……………………6
　　1）職場におけるリーダーシップ ……………………7
　　2）動機づけ・人間関係と職場のモラール ……………………8
（5）退職と老年期の人間関係 ……………………9
2．異文化コミュニケーション―国際的人間関係 ……………………9
（1）ジェスチャーとコンテキスト ……………………10
（2）日本人の行動様式と対人観 ……………………11
（3）異文化コミュニケーションと宗教 ……………………14

2章　人間関係の形成 ……………………（山口）16
1．出会いの人間関係 ……………………16
（1）望ましい性格は好意をもたれる ……………………17
（2）能ある鷹は爪を隠す ……………………18
（3）美しい人は常に好かれる？ ……………………19
（4）自分の望む印象を相手に与えるには ……………………20
2．人間関係の成立と発展 ……………………23
（1）近くに住んでいることはお互いの好感度を増す ……………………23
（2）見るだけで相手をどんどん好きになる ……………………24

　　　　（3）「類は友を呼ぶ」って本当？ ……………………………25
　　　　（4）自分が得をするとわかった時，人は人を好きになる……25
　　3．人間関係の維持と崩壊 ……………………………………27
　　　　（1）自分は本当に相手と同じように得をしている？ ………27
　　　　（2）人間関係の維持には対処行動が重要 …………………28
　　　　（3）親しい関係の崩壊ほど心に傷が残る …………………29
　　4．人間関係と親密さ …………………………………………30
　　　　（1）親密化のプロセスに関する理論 ………………………30
　　　　　　1）レヴィンガーの親密度の4段階発達論 ……………30
　　　　　　2）アルトマンの社会的浸透理論 ………………………31
　　　　　　3）マースタインのSVR理論 …………………………31
　　　　（2）友人関係はあなたを助け，成長させる ………………32
　　　　（3）興奮すると恋愛が生まれる？ …………………………32

3章　　人間関係と対人行動 ……………………………（小川）36
　　1．人間関係の要因 ……………………………………………36
　　　　（1）自己を知る ………………………………………………37
　　　　　　1）自己概念 ………………………………………………37
　　　　　　2）見る私と見られる私 …………………………………37
　　　　　　3）人間関係の中の自分を監視する ……………………38
　　　　　　4）ありのままの自己を受け容れる ……………………39
　　　　（2）人を見る目は正しいか—対人認知 ……………………40
　　　　　　1）パーソナリティの認知 ………………………………40
　　　　　　2）印象形成 ………………………………………………42
　　2．人間関係の諸場面 …………………………………………44
　　　　（1）友好的関係と敵対的関係 ………………………………44
　　　　　　1）人を思いやる—援助行動 ……………………………44
　　　　　　2）社会的手抜き—人が手を抜く時 ……………………46

              3）攻撃行動―人と争う……………………………48
         （2） 人間関係のダイナミクス―人を動かす ………50
              1）説得と態度変容 ………………………………50
              2）態度変容の諸要因 ……………………………50
              3）説得への抵抗 …………………………………53
              4）説得のテクニック―要請技法 ………………54
    3．人間関係の改善 …………………………………………56
         （1） 対人コミュニケーション ……………………56
         （2） 対人関係を深める ……………………………57

4章　人間関係とコミュニケーション ……………………（青池）60
    1．序 …………………………………………………………60
    2．個人間コミュニケーションについての基礎的理解 …61
         （1） 個人間コミュニケーションの類型 …………61
         （2） 個人間コミュニケーションの基本的認識 …63
         （3） アンダーセンモデル …………………………67
              1）送り手 …………………………………………70
              2）受け手 …………………………………………71
              3）メッセージ ……………………………………72
              4）チャネル ………………………………………72
    3．送り手の側面 ……………………………………………73
    4．受け手の側面 ……………………………………………76
    5．コミュニケーション・チャネルとしての人間関係 …77

5章　組織と人間関係 …………………………………（福井）81
    1．組織における人間関係 …………………………………81
         （1） 集団と組織 ……………………………………81
              1）集団について …………………………………81

　　　　２）組織について ……………………………………82
　　　　３）公式組織と非公式組織，官僚制モデル ………83
　２．人間関係論の発達とその周辺 …………………………85
　　（１）科学的管理法 …………………………………………85
　　（２）ホーソン実験 …………………………………………87
　　（３）行動科学 ………………………………………………91
　　　　１）マズローの要求5段階説（要求階層モデル）……91
　　　　２）マクレガーのXY理論（「目標による管理」）……91
　　　　３）ハーズバーグの2要因説 ………………………93
　　　　４）アージリスの未成熟―成熟理論 ………………93
　　（４）リーダーシップについて ……………………………94
　　　　１）リーダーシップとは ……………………………94
　　　　２）三隅二不二のPM理論 …………………………96
　３．日本社会と人間関係 ……………………………………97
　　（１）『菊と刀』にみる日本的リーダーシップ論 …………98
　　（２）中根千枝の日本的リーダーシップ …………………99
　　（３）日本の民族性と日本的経営 …………………………100
　　（４）ビジネスの傾向と人間関係 …………………………103

6章　人間関係を取り巻く環境の変化 ………………（広瀬）106
　１．IT化の進展と人間関係 …………………………………106
　　（１）IT化とは何か ………………………………………106
　　（２）IT化とコミュニケーションの研究 ………………107
　　（３）新たなメディア・コミュニケーションへの注目 ………109
　　（４）携帯電話による若者たちのコミュニケーション ………110
　　（５）選択的人間関係と〈公私のゆらぎ〉 ………………113
　２．国際化の進展と人間関係 ………………………………117
　　（１）内なる国際化への対応 ………………………………117

（2） 外国人の子どもへの対応 …………………………………118
（3） 日本語と教科理解 …………………………………………120
（4） 母語をめぐる問題 …………………………………………121
（5） 国際化をめぐる課題 ………………………………………124

1章 人間関係と人間関係の諸相

　人間関係とは，人と人との関係であるが，関わる人の，時間や場所，地域など環境や文化により，また，それぞれの思いにより，その関係はいろいろに異なる。なかでも，組織や企業内ではヒューマンリレーションズの語がよく用いられる。

　人間関係は，人の誕生に始まり，幼児期，少年期，青年期，壮年期，老年期とそれぞれのライフステージの社会生活を通して生涯にわたる。人間関係の最小単位は二人であるが，親子，夫婦，恋人，友人，知人，師弟など，たった二人の人間関係でもその関係の中身はいろいろである。

　さらに，家族や学校，職場，市町村などの地域，国家，さらに広く異文化の国際的人間関係まで，いろいろな人間関係の中で，さまざまなコミュニケーションをし，また，いろいろな影響を受けながら，日々の生活を通して人間形成がなされる。このような人間の態度の形成過程を社会学では「社会化」と呼んでおり，本質的に人間は社会的存在なのである。そして，誰もが良好な人間関係を望んでいる。

　本章では，人のライフステージごとや集団における人間関係と異文化コミュニケーションについて概観してみよう。

1．ライフステージにおける人間関係の諸相

（1）　幼児期の自己形成—母子関係

　幼児期は，自己の形成にとって特に重要な時期である。自己と他者に対する関係性の基礎がこの時期に形成されるといわれている。1920年，インドのカル

カッタ市の近くで発見された，狼に育てられた野生児の記録は，人間形成に関する貴重な研究とされている。狼の巣穴から発見されたカマラ（推定8歳）とアマラ（推定1歳半）の姉妹は，それまで狼に育てられていた。アマラは早い時期に死亡したが，カマラはその後9年間生きた。カマラは狼のように四足歩行をしており，夜になると狼のように遠吠えをしていたが，その後，牧師夫妻の家庭で手厚く育てられ，教育されたが，最後まで二足歩行はヨチヨチ歩きで，急ぐとすぐ四足歩行になり，どうやら発音できた単語は40語にすぎなかったという。

ほかにも「アヴェロンの野生児」などの研究もあるが，これらの事例は大事な幼児期に人間としてしっかりと教育を受けないと，その後の矯正がかなり困難であることを示している。

幼児期は特に，母親との関係が重要である。通常は，子どもが生まれて最初に，また頻繁に出会う人間は母親であり，母親との関係は個人が他者に対する態度の基礎を築くといってもよい。母親から厳しく，あるいは攻撃的な扱いを受けた子どもは他者に対しても攻撃的な人間として成長することがある。

子猿に代理母を使った実験はこのことを示している。子猿が木で作った2つの代理母からミルクを飲むようにした実験で，1つの皮膚は柔らかくつくり，もう1つは皮膚にとげを植えた代理母で，とげを植えた代理母からミルクを飲む子猿は，飲むたびに代理母からとげの「攻撃」を受けることになる。こうしてとげを植えた代理母からミルクを飲んだ子猿は，成長して他の猿に対して攻撃的になったのである。この子猿にとっては，他者との関係は愛情の交流ではなく，対立的な関係として意識されるからであろう。

また，母親のしつけも子どもには大きな影響を与える。母親のしつけに応じた行動をするときには「ほめられ」，はずれたときには「しかられる」ことによって，子どもは「よい子」であろうとして徐々に母親の行動の規範や指針を受け入れていく。

こうした規範は次第に子どもの心に内面化されていき，母親がいない時でもしつけに従った行動をとるようになる。

マクレランドとそのグループの研究によると，母親のしつけのあり方と子どもの行動様式との関係について，「～してはいけない」と母親の「禁止的なしつけ」が多い子どもと，「～しなさい」と物事に挑戦させ，成し遂げるとほめる「要請的なしつけ」が多い子どもとでは，子どもの行動様式に大きな違いが出ることを報告している。後者の子どもは達成意欲が強くなり，成長後も自己の課題にチャレンジする向上心の強い人間になる可能性が高いというのである。

（2） 少年期の自己形成―家族関係

母子関係につづいて，子どもが成長してくると，子どもの人間関係は父親や兄弟などを含めた家族関係に広がっていく。また，近隣の子どもたちとの遊びを通して自己と他者との関係や自己の形成をするようになる。

母子関係は基本的に二者関係である。1対1の関係は親密な関係であり，変化の少ない恒常的な関係であって，まだ，社会関係というには至らない。人間関係が母親―父親―子どもとの三者関係になって初めて，秩序や決まり，序列，役割関係などの社会関係が発生し，子どもは社会集団のなかで行動していくことを学ぶことになる。また，三者以上の関係は連合や協力関係を通して強者に対抗するなど，人間関係は複雑になる。たとえば，片親を味方に引き入れて他方の親に反抗・対立したり，兄弟で連合して親に対抗するなどの行動をとることができる。見方を変えると，子どもはこうした家族の三者関係を通して社会集団のなかで生きていくことの準備をするのである。

家族関係のなかでは一般的にいって父親は社会性の代表であり，子どもは父親の態度や行動から社会性を学んでいく。また，父親と母親の夫婦関係の相違によって，子どもの人格的成長は大きな影響を受ける。両親のしつけや価値観は子どもの心に内面化し，子どもの行動や生き方，対人行動などを内面からコントロールするようになる。

精神分析学者のフロイト（Freud）は，こうした両親から内面化された規範を超自我と呼んだ。超自我は人間の内面にあって，潜在下のなかで人間の行動規範や生きることへの指針を与えることになる。また，自己と超自我が調和し

ている時はよいが，自己と超自我との分裂・対立は自己嫌悪，罪悪感，挫折感などの葛藤を生じさせるという。

　社会心理学者のリースマン（Riesman）は，成人後も幼少期の価値規範に従って生きていこうとする人物像を内部指向的人間と呼んだ（加藤秀俊訳，1964）。たとえば，無人島に流れついたロビンソンクルーソーの物語は，自己の内面と向き合い，無人島にあっても自分の生き方を変えない人間として描かれている。こうした人間は近代の始まりの時期には多く見られた人物像であった。

　リースマンは一方で，現代社会ではマスコミなどの情報の発達によって，一時代前の内部指向的人間に代わって，マスコミや他者からの情報に敏感で常に他人を意識した他人指向的人間が増加しているとし，他人指向型の人間類型をシニカル（皮肉っぽく）に描いている（同訳，1964）。

　兄弟姉妹関係も対人関係の形成に大きく影響を及ぼす。親子関係は縦の関係であるが，兄弟姉妹関係は年齢差はあるが，縦の関係と横の関係との合成である。兄弟姉妹の関係は，保護—依存の関係だけではなく，張り合いの関係でもある。

　一般に長子は第二子の誕生による孤独と，親からの自立を早く経験し，下の者へのリーダーシップの訓練などをする機会に恵まれている。これに対して，下の者は，幼少期から自分が行動する時に絶えず上位の兄姉の存在を意識して行動するために，他者の意向や他者の反応を考慮に入れた行動をとるようになる。いわば社交性の訓練をする機会に恵まれるといえる。また，上の者は模倣や反発の対象であり，早い時期から社会的情報を受け取り，自分の判断の材料とすることができる。

　一人っ子はこうした機会をもたず，家族関係が親と子との関係に限定され，人格形成にとって親子関係の占める比率が大きくなる。しかし，親子関係は縦関係であると同時におとなとの関係であり，横関係の不在は，少年期から青年期を通して仲間や友だちとの深い人間的接触によって十分に補完されると考えられる。親の過保護・過剰な期待・干渉は一人っ子にとっては他の兄弟姉妹が人間関係のクッションの役割を果たさないため，人格形成に悪い影響を与える

ことがあるが，これは，一人っ子の問題であるよりは親の問題であると考えられる。

(3) 学校における人間関係—友人関係

学校における人間関係は，家族関係や近隣との関係の延長としてとらえることができる側面と，就学前とは異なる側面とが存在する。

学校とは，教師を中心とする教育の場であると同時に，学級という場を通して個人を中心とする私的な交友のネットワークが広がる場でもある。人間関係の面から見れば，通常，個人は学校生活を通して人間関係が2種類あることを学ぶようになる。すなわち，教師を中心とする公的な組織でつくられる「与えられる」人間関係と，その場を通して「自らが作り出す」インフォーマル（非公式な，うちとけた）な人間関係との2種類である。今までの家族関係とは異なって，嫌いな人とも人間関係を維持していかねばならないという，社会生活にとって重要な側面を学ぶのである。

この時期は交友関係や人間関係の範囲が急速に広がるとともに，交友関係も深くなり，人間的葛藤や自己嫌悪，反省などを通して自我を形成していく時期でもある。こうした自我の形成にとって重要な要素は「他者への共感」や「自己への役割期待」である。

ミード（Mead）は，人間は自分を他人の目を通して客体的にみる能力をもっているという。（稲葉三千男他訳，1973）人間は主体的な自分（I）と客体的な自分（me）との2つの側面からなっている。人間が自分を客体としてみることができるということは，他者の立場に立って考える「同一化」や「共感」の感情をもつことができるということである。また，特定の状況のなかで自分がどうすべきであったか，自分の行動によって人はどう感じただろうかという自己の役割を客体として考えることができるということである。自分の心のなかで，「見る自己」と「見られる自己」との対話が繰り広げられ，他者の役割を心の中で演じることによって，自己嫌悪や内省を通して自我の成長を遂げていくのである。

また，クラブ活動などを通してチームワークやリーダーシップなどの訓練の場も広がる。さらに，読書や映画ドラマなどを通して，その登場人物の立場に身を置き，同一化と共感を通して人間としての心の幅を広げていく時期でもある。言い換えると，「わがまま」で「身勝手な」人間的感性から脱して，「他人の身になって」ものごとを考えることができる，あるいは他者の行動の背後にある感情を理解できるという，人間関係にとって重要な側面を成長させていく時期なのである。

　学校は基本的に教育の場を中心とする公的組織であるため，受験や特定の価値意識にとらわれた教師，生徒・学生，父母関係の軋轢(あつれき)（不仲，不和）によっては，自我の成長がいびつとなり，校内暴力や学級崩壊，不登校などの社会的コンフリクトを生ずることになる。

（4） 職場における人間関係

　職場や商取引における人間関係は，上司や同僚あるいは顧客として，基本的に「与えられる」人間関係であり，テンニース（Tennis）の言うゲマインシャフト的人間関係である。（杉乃原寿一訳，1957）

　テンニースは，人間関係をゲマインシャフト的人間関係とゲゼルシャフト的人間関係の2種類に分類した。（同訳，1957）

　ゲマインシャフト的人間関係とは，家族関係のように情愛を基礎にする関係で，テンニースの表現を用いると「あらゆる分離にもかかわらず本質的に結合している人間関係」である。

　ゲゼルシャフト的人間関係とは，商取引などにみられる契約と利害を基礎に形成される関係で，「あらゆる結合にもかかわらず本質的に分離している人間関係」である。

　このような商取引における人間関係は，極限的な姿として自動販売機と客との関係を連想すればよい。契約と利害による人間関係の極限的な姿がそれであり，インターネットによる取引もこうした極限的人間関係の様相を呈する場合がある。人はこのような無機的な極限的関係を避けるために，実際の取引社会

では，趣味や酒席など情緒的で人間的な共感をもちあう場をもち，商取引の際のマナーや情緒的な関係，信頼・信用関係などの派生的社会関係が形成されるのである。こうした人間関係の潤滑油的側面は近代的産業社会で生きていくための重要な要素であり，社会生活を通して身につけていくことになる。

職場における人間関係では，商取引の場とは違って，仕事の分担や協力関係を通して，働くものの「意欲」や企業活動の「効率性」に関わる側面が重要になる。

1） 職場におけるリーダーシップ

職場の人間関係と作業効率性の関係で真っ先に挙げられるのはリーダーシップである。リーダーシップは，リーダーの特質，部下の特質，状況（課題の困難性など）がその成否に関係してくる。一般的にリーダーがもつべき資質として，(1) 部下を指揮して目標に向かわせる機能（目標達成機能：P機能）と，(2) 部下の人間関係を調和的に維持できる機能（人間関係維持機能：M機能）とが挙げられる。

三隅二不二（1984）は，リーダーがもつこのP機能とM機能との組み合わせから，部下の特質や課題状況のなかでリーダーシップがどのような作用を果たすか調査研究を行なっている。[1]

一般的な状況のもとでは，P機能，M機能のいずれも兼ね備えたリーダーが最良であるが，(1) 短期的にみると，P機能とM機能ではP機能の方が有効であり，(2) 長期的にはM機能の方が有効であるという。すなわち，短期的には人間関係に対する配慮を多少欠いても，目標の達成に向かって厳しく誘導するリーダーが有効であるが，長期的には職場の人間関係の調和に配慮するリーダーが作業効率の面でも有効であるという。

しかし，リーダーシップの型による作業効率の成否は固定的ではなく，(1) 課題が困難である場合にはM機能よりもP機能がより有効であること，また，(2) 部下にやる気がない場合には人間関係への配慮（M機能）は作業効率にとっては無用か，むしろマイナスに作用するという結果を出している。人間関

---

1) performance と maintenance のそれぞれの頭文字をとってP機能，M機能と呼んでいる。

係の面では厳しく対処した方がよいというわけである。（詳しくは第5章 p.96参照）

2） 動機づけ・人間関係と職場のモラール

　職場の人間関係は，職務満足の大きな要素であり，働く人々の転職の理由として「仕事に特別な意味を感じられない」「職場に将来性がない」などと並んで上位に位置する要素でもある。人は職場や仕事に対して，将来の安定，賃金，地位，仕事の生きがいや達成感，人間関係などさまざまな要素を求めている。一方，経営者側は従業員の企業への努力や貢献を期待している。

　見方を変えると，従業員が求めている欲求を，経営者側が職場で仕事を通して充足させることができるなら，従業員は経営者側が求めている企業への努力や貢献を引き出すことができるということである。

　従業員側にやる気が見られない場合，従業員側の資質にも問題がある場合があるが，経営者側が従業員の欲求に対する配慮を欠いている場合があることに注意しなければならない。このような組織と人間の問題はモチベーション論と呼ばれているが，第5章で詳しく述べている。

　また，人間関係と職場のモラールについても少しふれておこう。

　職場では公的な組織以外に，同僚を中心とする非公式な集団（インフォーマルな集団）が存在している。非公式な集団は職場の同僚間の人間関係を中心として自然発生的に生じるものであるが，この集団の暗黙の規範（約束事）は職場のモラール（やる気・士気）を決定するといわれている。たとえば，朝9時から午後5時までの勤務であっても，多くの同僚が朝9時以前に出勤し，9時には一斉に仕事が始まる部署と，9時になって皆が出勤してくる部署では，新入社員が先輩や同僚との人間関係を維持しようと思えば，所属する部署の人々の行動や仕事ぶりに倣うであろう。退社時間や仕事の仕方についても同様である。したがって，同僚や先輩がやる気のない部署や会社では，新入社員や配置換えの従業員も，職場の人間関係を友好に維持しようとすると，仲間と同じように「適当にやる」といった態度にならざるをえない。こうして，社長みずからが作り出す経営の方針とは違った次元で，職場集団みずからが職場の風土や

雰囲気をつくりだすようになる。

　このような職場の非公式集団の人間関係が仕事のモラールに与える問題について経営学の分野では「人間関係論」と呼んで研究されている。(詳しくは第5章，p.85参照)

(5) 退職と老年期の人間関係

　退職と老年期の人間関係については，これまで中心であった職場の人間関係から後退し，趣味や余暇の生活を中心とする新しい人間関係が中心となる。自我の面からみれば，自己の喪失感や新しい環境への適応と精神的統一感が重要な要素となる。人は退職によって，職とそれに伴う社会的地位やこれまでの職場を中心とする人間的環境を失う。家族や個人的友人関係が幼児期に次いで重要な生活環境として浮上してくるが，一方で，老年期は配偶者をはじめ，友人などを次々と死別によって失っていく過程でもある。こうした自己喪失感を新しい職場や趣味の世界で補完していくことは，人生における生きがいや自己統一感において重要な側面となる。

　欧米では，若い時から，職場以外にも，教会やさまざまなクラブでの人間関係が存在するが，わが国においては，人間関係が職場を中心として展開することが多く，退職による職場の人間関係からの後退は，個々人がもつ人間関係を一挙に希薄にさせる場合が多い。

　晩年において，どのような人間関係を築くかは，仕事の有無，収入，健康，また人生観などの個人差も大きく，一般化することはできないが，高齢化社会にあって，個人の生き方とともに社会政策としても重要な課題となっている。

2．異文化コミュニケーション ― 国際的人間関係

　人間関係の諸相として，これまで人間の成長過程を追う形で述べてきたが，このような諸相とは異なる重要な側面として，国際間の異文化コミュニケーションがある。

文化が異なると、人と人との関係も異なる。これまで挙げてきたように、幼年期の母親と子どもとの関係にはじまり、家族、学校、職場、老後と、それぞれの諸相で、国や民族の文化の違いがあり、私たちは異文化の人たちとコミュニケーションする時にはこの相違を理解しておかないと、思わぬ誤解を生ずることがある。

（1） ジェスチャーとコンテキスト

たとえば、数年前に南米で日本人の観光旅行者が村人に襲われて死亡するという事件が起こったが、これは旅行者の一人が現地の子どもの頭をなでたことから始まったのである。日本人は「かわいい」ということを伝えようと頭をなでたのだが、現地の村人は子どもに「魔法をかけている」と誤解したのだった。この村では少し前に子どもの誘拐事件が起こり不安感が広がっていたことも災いした。諸外国では一般的に頭をなでる行為はかわいがる行為とは思われないので注意しなければならない。

二本の指を立てるVサインは、世界的に行なわれているが、Vサインの意味で行なうなら、手のひらを相手の側に向けなければならない。このサインが手の甲を相手の側に向けて行なうと「馬鹿やろう」の意味になることはわが国ではあまり知られていない。このことはレストランで、運ばれてきた料理の数などで「2つ」の意味で行なった動作が、手の甲を相手に向けて行なうと、相手は客が怒ってけんかを挑んできたように受けとってしまう危険性がある。ほかにも、「来い」と「近寄るな」、「OK」と「お金」などのように、類似した動作で意味が異なる場合も多い。「OK」と「お金」などのサインは地域によって思わぬ意味になるからハンド・ジェスチャーには気をつけなければならない。

外国語を話す場合でも、話されている内容が重要なのか、話されている状況が重要なのかの違いも行き違いの原因になることが多い。日本人のような同質的な人々が多い社会では、話されている言葉の意味や内容が、それを話している状況や話し手と聞き手との間の関係に依存する場合が多い。

以心伝心や暗黙の了解、相手の気持ちを察する、自己主張を明確にしない、

などの日本型のコミュニケーションでは，言葉自体のもつ意味よりも，その話し手が，そうした言葉を発する背景や気持ちを理解することが重要になる。欧米型のコミュニケーションでは，自分の気持ちを明確に表現するから，話し手の言葉についてもその意味や内容に対して直接反応することになる。したがって，話し手の言葉を額面どおりに受け取って反応する欧米人と，自分の気持ちをなかなか理解してもらえない日本人との間で行き違いが生ずることになる。

　欧米人のように，伝達される言葉の中身が重要な文化を低コンテキスト型の文化，わが国のように言葉の意味や内容が，話されている状況や話し手と受け手との間柄に依存することが多い文化を高コンテキスト型の文化と呼んでいる。一般に欧米が低コンテキスト型であり，アジア諸国は高コンテキスト型の文化が多いが，アジアのなかでもわが国は韓国や中国に比べてより高コンテキスト型であるといえる。（コンテキスト＝文脈）

（2）　日本人の行動様式と対人観

　異文化とのコミュニケーションを円滑に行なうためには，私たち日本人がどのような行動様式をとる文化であるのか，自国の文化をよく知っておく必要がある。

　日本人の対人観は3層に分かれると考えられる（1-1図参照）。

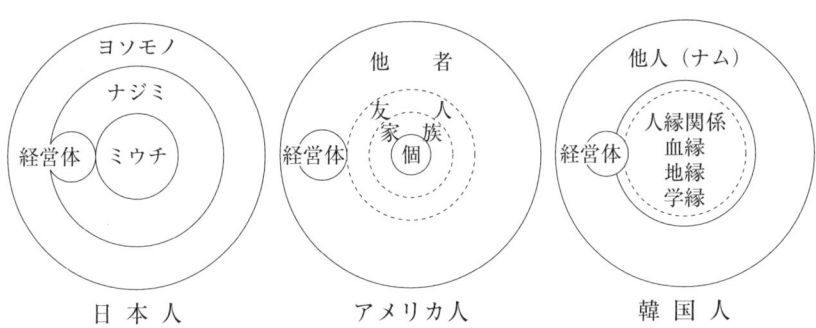

1-1図　日米韓の対人観とビジネス社会
（出典：小玉敏彦著『韓国工業化と企業集団』学文社　1995　p. 217）

最も身近な存在は自己を中心とする内集団である。第1層としては自己を中心として家族，親族，友だち，所属集団の仲間などの層が広がる。日本人は自我の独立性が欧米人と比較して強くないので，こうした自己を中心として広がる第1層の人々は，親密さに違いはあるものの，自己の延長としての「ミウチ」として意識される。ミウチやウチは家族であり，家である場合もあるが，ウチの学校，ウチの会社という言葉に象徴されるように，「自己」や「家（イエ）」の延長なのである。

　ミウチの間柄では，協力しあうことが最も重要な規範であり，お互いの「甘え」が許される仲でもある。世間体や恥を強く意識する日本人であるが，このようなミウチの恥はソトに対して隠すものであるとして意識される。また，「ホンネ（本音）」で語り合うことのできる層でもある。

　第1層の外に広がる第2層はナジミの世界である。ナジミの世界は人々の通常の日常生活が繰り広がる世界である。個々人が一人の人格として，人々と恒常的に人間関係をもつ世界である。わが国のビジネスの世界も一般的にはこの層で展開している。取引会社とは先に取引の相手が決まっており，納期や価格について商談するといったスタイルをとることが多い。こうした取引形式は相対取引と呼ばれているが，わが国の企業の一般的な取引形態である。この2層は，企業では信用が重要であり，個人では恥をかくことを恐れる人間関係の層である。「タテマエ（建前）」が強く意識され，マナーや礼儀などにも気をつかう関係でもある。

　第3層には，個人にとって関係のないヨソモノの層である。「旅の恥はかき捨て」という言葉があるように，個人にとっては「タテマエ」からも「恥」や「世間体」からも解放される世界でもある。

　このような日本人の意識が形成された歴史的背景は明確ではないが，前近代の村意識にあるとする見方が有力である。村のなかでは，親族までの範囲がミウチであり，同じ村の人々との関係がナジミの層である。また，村の外の人間はヨソモノなのである。

　日本人の対人観の基礎となっているのは，ウチとソトとの意識（内外意識，

ウチ・ソト意識)であることに注意しておかなければならない。日本人は一般に外国人に対して親切であるが、あくまでナジミの世界での人間関係であり、外国人がミウチの世界に入ってくるのは容易でない。社会学、経営学の分野ではこのようなウチ・ソト意識にもとづく行動様式を日本型の集団主義と呼ぶことがある。

これに対して、欧米人、特にアメリカ人の場合は、家族関係は基本的に夫婦関係を基本に展開しており、子どもはいずれ自立して家を離れていくものであるとして意識されている。自己の自立性が強く、家族や友だちも基本的には日本人のようにミウチではなく、親しさはあるものの、基本的に「他者」なのである。また、ここでいう「他者」が日本人が意識するヨソモノという意識ではなく、自分とは異なる独立した人格的存在としての「他者」であることに注意しておかねばならない。こうした人間観の違いには、周囲の人々の同質性を前提とした日本の社会と、異質性を前提としたアメリカの社会との相違が背景にある。

韓国の場合は(伝統的な中国の社会でも極めて類似しているが)、日本人のようにウチかソトかという「内外意識」ではなく、自分と特別な関係にある人物か、そうでないかが、人間関係の分かれ道となる。特別な関係とは、血縁関係や地縁関係であり、韓国の場合には、これに学縁関係(日本の学閥とは異なって同期生の関係が中心となる)が加わる。

一般的に伝統的な儒教文化圏(韓国、中国、台湾など)では親族の範囲が広く、親族関係の結束を重視する文化であるため、日本人が考える範囲以上に血縁的人間関係が果たす役割が大きい。

また日本人のように、所属する集団のために自分の意思を押し殺す(所属集団への貢献)意識が弱いために、個人の自己主張は日本人に比べて強く、そのため、欧米的個人主義に見えることがある。しかし、欧米の個人主義とは異なって、血縁や地縁、また学縁などの縁に深くつながっており、そのため、韓国人や伝統的な中国人における対人観は、自己を中心とするネットワーク的人間関係として意識されるのである。ここでは、人と人との関係は集団を媒介と

する関係ではなく，自分にとって関係があるか否か，親しい間柄か，疎遠な間柄かの関係が人間関係の軸となる。韓国人や伝統的な中国人は親疎意識を基礎とする人的ネットワーク型の人縁主義と呼ぶこともできる。

（3） 異文化コミュニケーションと宗教

異文化コミュニケーションでは，このほか宗教も重要であり，相手の宗教に配慮する必要がある。宗教的禁忌（きんき）は一般にタブーと呼ばれ，戒律の厳しいイスラム教，ヒンズー教，ユダヤ教などでは，服装，食事，言葉などのタブーに関して，あらかじめ予備知識を得て対処することが必要である。たとえば，イスラム教では，女性は外で肌を見せる服装はできないし，食事においても豚肉を食べることは禁じられている。また，道で男性が女性に道を聞くこともタブーである。毎日定期的な礼拝を欠かすことはできず，ラマダン（断食の季節でイスラム暦の9月にあたる）の時期になると，日の出から日没まで，水も含めて一切を口にすることはできない。ヒンズー教では，牛は神聖な動物であって牛肉の入った食事は禁忌であり，カーストと呼ばれる宗教的戒律に基づく職業的な階層が存在している。ユダヤ教では肉類を食べる場合には宗教的な儀式に従った調理法をしたもの以外は口にすることはできず，また，肉と油脂（牛乳やバターなど）とを同時に食することはできないし，二枚貝以外の貝（サザエやアワビなど）を食べることもできない。

このような宗教的な禁忌（タブー）だけでなく，人間の行動様式に対しても宗教は大きな影響力をもっている。中国人の伝統的宗教である道教は、現世的で金銭的利益に対しても肯定的であるのに対して，イスラム文化では貧しいことは恥ずかしいことではなく，礼拝と戒律の遵守を欠かさず，来世での神の祝福を重視している。儒教では勤勉さなどの人間の徳目を重視し，体面などを重視するので，中国や韓国などの儒教文化圏では人前で中国人の部下を叱っても「体面をきずつけられた」として反抗的な態度に出られる反面，個別に呼び注意すると素直に従い，その態度の違いに驚かされることがある。

海外に進出した日系企業では，礼拝室を設置したり，宗教別のメニューを提

供するなど，現地の宗教的事情を考慮した配慮を行なっている。日本人はともすると宗教の違いに鈍感になりがちであるが，人々の生き方の基本にある宗教に対する理解が必要である。

　以上，異文化コミュニケーションにおいては，日本人，欧米人，東アジアの人々などそれぞれの対人観の相違や宗教の違いによる行動様式の相違などに注意しておかなければならない。特に，ビジネスなどにおいては，契約や人とのつながり，人生における仕事の意味などにおいて文化の違いが重要な問題となる場合も多い。

2章 人間関係の形成

　私たちは，さまざまな人々と関係をもちながら，日々生活をしている。人と関わりをもつことで，私たちは喜びや楽しみを感じることができる。その反面，たとえば友人関係がうまくいかずに悩んでいる人もいる。その友だちと円滑な人間関係を築くことができれば，日々の生活も楽しくなると思われる。そこで本章では，社会心理学の立場から，私たちがどのように人と知り合い，円滑な人間関係を築いていくのかを検討する。そのために，出会いの人間関係からその成立，発展，そして維持について学んだ上で，人間関係の崩壊や，また人間関係を深めていくプロセスについて検討を行なう。
　まず，出会いの人間関係に影響を及ぼす要因について考えてみたい。

1. 出会いの人間関係

　私たちは，初対面の人と出会った時に，どのような人と関わりをもち，どのような人とは関わりをもちたくないと考えるのであろうか。たとえば，あなたが大学に入学し，かねてから入りたいと思っていたテニスサークルの新入生歓迎パーティーに出席したとしよう。その会合で，たまたま隣り合わせた人が，一人は笑顔で自分に話しかけてくれたやさしい感じの人で，もう一人は表情が暗く無口で冷たそうな人であった。あなたはどちらの人と人間関係をもちたいと考えるであろうか。おそらくあなたは，前者の人に好意をもち仲良くなりたいと考えるであろう。
　このように私たちは，人間関係を始める際に一般的には，相手に対して好意をもつことから人間関係をスタートさせる。反対に好意をもたない相手とは，自分から人間関係をスタートさせようとは思わないのである。

では，相手のどのような要因が私たちに好意をもたせ，人間関係をスタートさせたいと思わせるのであろうか。そこで本節では，出会いの人間関係に影響を及ぼすと思われる性格，能力，身体的魅力などの個人的属性を取り上げて検討する。また私たちは相手に好意をもってもらうように自分自身を表わすことも必要であろう。そこで，自分をどのように表わすことで相手に好意をもたれ，人間関係を始めることができるのかも検討する。

（1） 望ましい性格は好意をもたれる

前述したように，あなたはあなたの隣りに座った人が「明るくてやさしい人だったから，好意をもって話をした」というように，相手のもっている望ましい性格に惹かれて好意をもつことはよくあることである。

アンダーソン（Anderson, 1968）は，大学生に性格特性をあらわす555語の形容詞を「好き―嫌い」で評定させ，好かれる性格の特性について検討を行なっている。その結果，好かれる性格は，上位から「誠実な人」，「正直な人」，「理解のある人」などであり，最も嫌われる性格としては「嘘つき」，「いかさま師」，「下品な人」などが挙げられていた。

わが国でも青木孝悦（1971）が455個の性格表現語の望ましさに関して，大学生と20代および40代の有職者に調査を行なっている。そこでは「親切」，「優しい」，「頑張る」などが好かれる性格の上位3位として挙げられ，「二枚舌を使う」，「他人のせいにする」，「人をあざける」などが嫌われる性格の上位3位として挙げられていた。

これらの結果からは，望ましい性格が好意をもたれ，その性格としてアメリカの大学生が知性の高さを重視しているのに対し，日本の大学生は親切や優しさなど感情的な側面を重視していることが示されている。嫌いな性格は，日米とも「嘘つき」や「二枚舌を使う」など卑劣な人が嫌われている。

一般的に，人は，好かれる性格を多くもっていればいるほど人に好かれ，嫌われる性格が多ければ多いほど嫌われるのであろうか。単純に考えてみると，「誠実で物わかりの良い人」は「誠実な人」よりも人に好かれると推測できる。

先行研究からは，好かれる性格が多ければ多いほど相手に対する好意度は高まるが，本人が期待するほど効果はないことが示されている。

（2） 能ある鷹は爪を隠す

学業成績の良い人は，「能ある鷹は爪を隠す」の諺のように，露骨に自分の能力を表わさない方が好感をもたれるのであろうか。頭の良い人が自分の成績を誇らしげに吹聴していたとすれば，相手からは「いやな感じ」，「高慢な」と思われ，あまり良い印象はもたれない。知的能力の高さと好感度との関わりは，アロンソンら（Aronson et al., 1966）が検討している。

彼らはラジオのクイズ番組の予選風景を録音したテープを作成し，一つの実験参加者グループには，学業成績ならびに運動能力も抜群に高く，クイズでも解答率が92％であった学生と，学業成績が普通で運動能力もあまり高いとはいえず，クイズの解答率が30％であった学生をクイズ番組の参加者としたテープを聞いてもらい，二人に対する好感度を評価するよう依頼した。

もう一方の実験参加者グループには，クイズ番組の予選風景の録音とともに番組終了後の消し忘れた録音も聞いてもらい，彼らに対する好感度の評価を依頼した。消し忘れた録音の部分には，学業成績の良かった者も学業成績が普通であった者も，差し出されたコーヒーを落としてしまい慌てている様子がテープに録音されていた。好感度の評価の結果，前者のテープの場合，学業成績の良かった者と学業成績が普通だった者に対する評価に違いは見られなかった。しかし失態を演じた後者のテープの場合，学業成績の良かった者の好感度は上がったのに対して，学業成績が普通だった者に対する好感度は低下していた。

この結果からは，優秀な人が失敗したことで評価者はその学生に親近感を覚え，好感度が上がったことが示されている。能力の高い者は自分の失敗を無理に隠さない方が好感をもたれるのである。

能力には知的能力，身体的能力などさまざまな能力があるが，他の条件がすべて同じであれば，優秀な人はそうではない人よりも好感をもたれやすい。しかし，個人がどのような能力を重要と思い価値を置いているかによっても，相

手に対する好感度は異なることが考えられる。たとえば，運動能力の高いことが重要と思っている人にとっては，スポーツ万能の人は憧れでもあり，好感をもつ。また自分が理数系は苦手であり少しでもできるようになりたいと思っている人にとっては，それらの成績の良い人は尊敬に値し，好感をもつと思われる。

（3） 美しい人は常に好かれる？

美しい女性やハンサムな男性は好意をもたれ，特に異性間の対人魅力には大きな影響力をもつとされる。では，どのような容貌の人が魅力的と評価され，好意をもたれるのであろうか。

カニンガム（Cummingham, 1986）は，相手から魅力的とされる容貌について検討を行なっている。そこではミス・ユニバースの出場者と卒業アルバムから選んだ女子学生の顔写真を男子学生に見せて，その魅力度を評定させた。その結果，大きな眼と小さな鼻やあごをもっていること，さらに笑顔を表わしていることなどが魅力の要因であることが明らかになった。

さらにカニンガムら（Cummingham et al., 1990）は，女子学生に男子学生の卒業アルバムから選んだ写真を見せて，その魅力を評定させた。その結果，大きな目と小さな鼻そして大きなあごなどをもち，笑顔を表わしている男子学生が魅力的であると評価された。

大きな目や小さな鼻は相手に「かわいい」という感情を起させるのであろう。また男性の大きなあごは「成熟性」を表わし，笑顔はコミュニケーション能力があり，開放的であるという印象を与えることから，相手に好意をもたれるのであろう。

身体的魅力の高い者は，デートの相手として選ばれる確率が高いことも明らかにされている。ウオルスターら（Walster et al., 1966）は，大学の新入生歓迎パーティで会った異性に対して抱いた好意度と外面的魅力，成績，性格検査などとの関係を検討した。その結果，外面的魅力の高い者が最も好意をもたれたことが明らかになった。

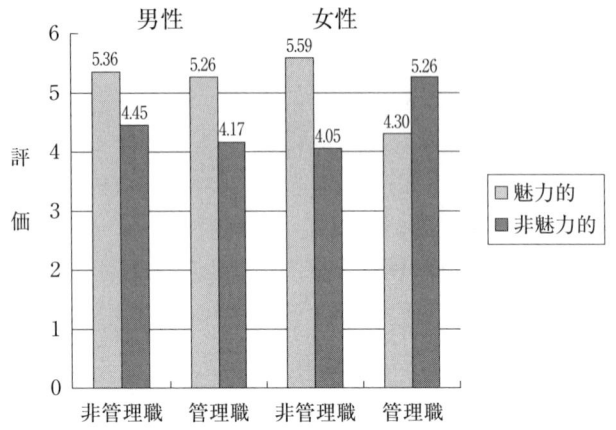

2−1図　男女の魅力度が職種の評価に及ぼす影響
(Heilman & Saruwatari, 1979より作成)

　この結果からは，少なくとも最初のデートでは，外面的魅力が最も好意度に関わるといえそうである。
　しかし，いつも美しい人が得をするとは限らない。ハイルマンとサルワタリ(Heilman & Saruwatari, 1979)は，身体的魅力度，職種と面接での評価との関わりを検討している。それによると，男性はどの職種においても魅力的な者が高い評価を得ていたのに対して，女性は秘書的な職種，非管理職において美しい人が能力があると評価され，意思決定を要求され，従来，男性によって占められてきた管理職について，美しい人は評価が低かった（2−1図）。女性の美しさに対する評価は性役割期待によって変動することがあるということである。

(4)　自分の望む印象を相手に与えるには

　私たちは出会いの際に，適切に自分自身を表わすことで相手に好ましい印象を与え，人間関係を成立させたいと考える。
　たとえば，あなたが大学生でコンビニエンス・ストアの店員としてアルバイトをしているとしよう。アルバイト先であなたは，顧客に明るく感じの良い店

員であるという印象を与えるように服装を整え，行動する。また，大学の教授に卒論のテーマについて相談に行く時には，教授にまじめで一生懸命であるという印象を与えるような行動を心がけるであろう。

　私たちは人間関係を成立させる際に，自分の望む印象を相手に与えようと自分のもつその側面を選んで見せることがあるのである。このように，他者にある特定の印象を作り出すために自分自身を調整することを自己呈示（self-presentation）という（ジョーンズとピットマン，1982）。

　私たちは自己呈示を行なうことで，相手に自分がどのような人物であるかという印象を形成させる。いったん，ある印象が形成されると，相手の自分に対する行動はこの印象の影響を強く受ける。たとえば，ある人に対して明るく積極的で親切であると好意的な印象をもたせることができた場合，その人から肯定的な反応を引き出しやすくなる。肯定的に接してもらうことができれば，そこでの相互作用は，よりスムーズに行なわれ，円滑な人間関係をスタートさせることができる。

　自己呈示が最も重要となるのは，就職の採用面接においてであろう。なぜなら，志願者は，面接者に明るく有能であるという自己イメージを伝えるように自分のもつ側面を調整して表す。そこから面接者の肯定的な反応を引き出し，結果的に採用という目的を達成することができるからである。

　また，自己呈示と関わる重要なパーソナリティとしてセルフ・モニタリング（self-monitoring）が挙げられる。セルフ・モニタリングはスナイダー（Snyder, 1974）が提唱したパーソナリティ特性で，人が自分の置かれた状況での適切さの基準に合うように自らの行動を観察して統制しやすい性格特性を表わすとされる。セルフ・モニタリングの高い者は，相手が何を望んでいるのかを敏感に察知することができるため，面接場面では面接者の望む行動を行なうことができる。そのため評価が高いと思われる。

　山口一美（2002）は，面接場面で自己呈示をする際に表わされる笑顔，アイコンタクト，パーソナリティ特性と評価との関わりを検討している。そこでは就職活動中の女子大生に自己呈示として自己PRを行なってもらい，そのとき

の表情をビデオに収録した。収録後,彼女たちにはパーソナリティ(自己意識,セルフ・モニタリング)の程度をはかる尺度に回答を求めた。次に,収録したビデオを見て自己宣伝を行なっているときの笑顔とアイコンタクトの表出回数を測定した。男女有職者にはビデオを提示し,自己呈示についての評価を求めた。その結果,セルフ・モニタリングの下位因子である「自己呈示の修正能力」の高い者が,笑顔を適切に表わし,好感をもたれ,結果的に人事評価が高いことが明らかとなった(2-2図)。また,セルフ・モニタリングの高い者が女子大学生に人気の高い職業である航空会社のキャビンアテンダントに採用されている(山口一美・小口孝司,2000)という研究結果からも,セルフ・モニタリングが自己呈示行動に影響を及ぼすパーソナリティであることが示されている。

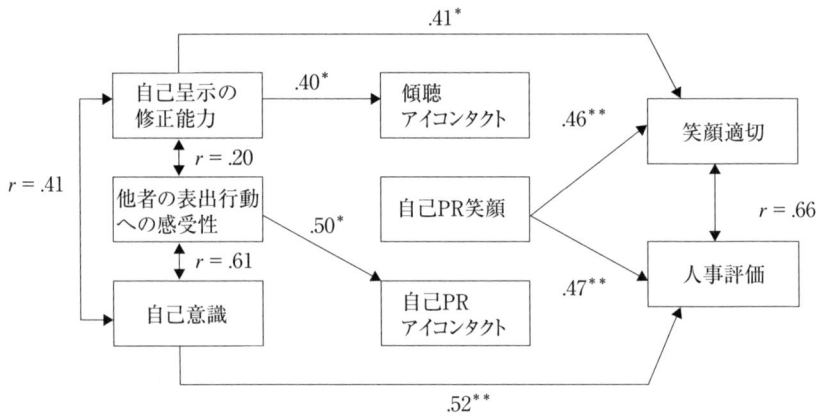

$^*p<.05$　$^{**}p<.01$
注:rは相関関係を表わし,数値はパス係数で因果の強さを表わす。
N=24

2-2図　他者評価に影響を及ぼす要因のパス解析結果
(山口,2002を一部改変)

人間関係において,とりわけ面接場面では,面接者から好ましい印象をもってもらうために,パーソナリティのセルフ・モニタリングが高いことや,笑顔の表情が重要となるのである。

以上,この節では,私たちが人間関係を始める際にどのような相手に好意をもち,人間関係を始めたいと考えるのか,また相手に好意をもってもらうために,私たちはどのように自分を表わしているのかを検討した。その結果,出会いの人間関係において,性格,能力,身体的魅力度,ならびに自己呈示が人間関係を始める際に重要であることが明らかになった。
 次節では,出会いの人間関係を成立,発展させるための要因について考えてみよう。

2. 人間関係の成立と発展

 あなたは小学生の頃,隣りに住む子と毎朝一緒に学校へ通ったという経験や,映画の好みが同じなので友だちになったという経験などをもっていると思う。私たちが人間関係を成立,発展させる時,相手との関係性は重要な役割をもつ。そこで本節では,人間関係の成立と発展に影響を及ぼす相手との関係性や要因について考える。

(1) 近くに住んでいることはお互いの好感度を増す

 あなたも小学生の頃,隣りに住む友だちと仲が良かったという経験があるように,相手との物理的な距離の近さは人間関係を成立させるための重要な要因の1つである。それは1つには近くに住んでいると会うための時間や労力,そして費用が少なくてすむからである。
 物理的な距離という環境要因が好感度に及ぼす影響については,フェスティンガーら(Festinger et al., 1950)が検討している。そこでは,大学の学生寮に入居する新入生を本人の学科や専攻あるいは部屋の希望とは無関係に空き部屋を順番に割り当てた。入居6カ月後,新入生たちに誰と親しくしているかを尋ねた結果,多くの学生が隣りに住んでいる人の名前を挙げ,部屋の距離が近いほど親しくなり,相手に好感をもっていることが明らかにされた。
 この結果からは,距離が近いことで相手との相互作用の機会が増え,それに

伴い，相手の価値観や興味関心など内面的特性についても知ることができることから，人間関係を発展させたことが示唆されている。しかし，このような傾向は交友関係ができ始める初期の段階に起こることが多いことも明らかにされている。つまり相手のことをよく知るようになり，その結果（たとえば相手との興味関心が異なっていることがわかり），人間関係を始めた時期よりも会わなくなることも起こっている。

（2） 見るだけで相手をどんどん好きになる

人は相手を何回も見ることで，相手に好意を抱くことがある。たとえばあなたが大学の講義でいつも見かける人がいて，思いもかけないところでその人を見かけたとする。その時，なんとなく安心したり，うれしくなったりした経験はないであろうか。ザイアンス（Zajonc, 1968）は，このことを「接触の効果」と呼び，その効果を実証するための実験を行なっている。

彼は，実験参加の大学生には「記憶の実験」だといい，顔写真のスライドを何回も見てもらい，写真の顔をどのくらい覚えているかを評定してもらった。同時にその写真の人物に対する好意度についても評定を求めた。その結果，顔の魅力度には関係なく，何回も見た顔写真の人物に対して，より好意をもつことが明らかとなった。人は頻繁に会う機会が多い人に好意をもつのである。これは以前会ったことのある人だという感覚がある種の快感を引き起こし，それが好意に結びつくといわれている。しかし見たことのある人すべてにこの効果があるかといえば，そうではないようである。これは少なくとも見て（会って）不快でない人の場合にしか生じないことが明らかにされている。

（3） 「類は友を呼ぶ」って本当？

バーンとネルソン（Byrne & Nelson, 1965）は，態度の類似性と好意度との関わりを検討している。そこでは，大学生にさまざまな対象に対する態度調査を行ない，その回答をもとに，彼ら自身と類似あるいは非類似の回答用紙を作成した。数日後，知らない大学生の回答として，それを実験参加者に見せ，回

答者に対する好意度を測定した。その結果，自分と態度が類似している者に対して，より好意をもつことが明らかとなった。また態度が似ていれば似ているほど相手への好意度が高まることも示された。これは自分と同じ意見や価値観をもっている人がいるとわかれば，自分の考えが間違っていないことを確認できるし，おそらく，その相手とは快適な人間関係をもつことができるのではないかと推測できるからである。まさに「類は友を呼ぶ」のである。

また学歴，性別，人種，性格などが類似している場合にも，相手に対する好感度は高まるといわれている。ただし，性格に関しては，自分と異なる性格の人に魅力を感じることや，前節に示したように，社会的に望ましいといわれている性格をもつ人が好まれるということもある。

（4） 自分が得するとわかった時，人は人を好きになる

関わりをもつことにより自分にとって何らかの利益がある，つまり報酬性がある場合，人はその人を好きになる。たとえば，人は自分のことをけなす人よりも誉めてくれる人を好きになる。

アロンソンとリンダー（Aronson & Linder, 1965）は，好意の感情と自分への評価との関わりを検討した。その結果，自分に対して高い評価をしてくれた人に対して好意度が高くなったことが明らかにされた。ここでは，好意に対して好意を返すという互恵性が示されている。しかし最初から自分に対して高い評価をしてくれた人に対してよりも，最初は自分に対して低い評価をした人が途中から高い評価に変わった場合の方が，相手に対する好意度がより高くなっていることも明らかにされている。このことは相手との相互作用を通して，相手から新たに高い評価を得たことを知り，その時の喜びの感情が大きいため，その評価者に特に好意をもったことが推測できる。

自分に対する自己評価が低くなった時に，また人から好意をもたれた時にも，相手に好意をもち人間関係は成立する。たとえば，あなたは大学で皆の前で行なったプレゼンテーションがうまくいかず，終わった後，すっかり自己嫌悪に陥っていたとする。その時一人の友人があなたにやさしい言葉をかけ，励

ましてくれた時，あなたはその友だちに好意をもち，人間関係をもちたいと考えると思われる。ウオルスター（Walster, 1965）は，好意と自己評価の高低との関わりを検討している。

実験参加者の女子学生は，実験に参加する数週間前に性格検査を受けた後，さらに性格検査とインタビューを受けるという実験に参加をした。指定された部屋で待機している女子学生の前に，ハンサムな男子学生（実は実験協力者）が入ってきて，15分くらい女子学生と話をし，彼女をデートに誘う。迷っている女子学生に「後で電話をするから」と言って，その男子学生は部屋を出ていく。しばらくして実験者が入ってきて，女子学生にインタビューと性格検査を行なうことを伝えるとともに，助手が見当たらないので先ほどのハンサムな男子学生に手伝ってもらうことを伝える。

次に，実験者は女子学生に，数週間前に行なった性格検査の結果を伝えるが，その際に自己評価を低める内容と自己評価を高める内容とを，女子学生に割り当てて説明する。その上で，先ほどのハンサムな男子学生を含めた具体的な人物に対する好意度に回答を求めている。その結果，自己評価を低められた女子学生の方が，高められた女子学生よりも先ほどのハンサムな男子学生に，より好意をもったことが明らかとなった。

この結果から，人は自己評価が低くなった時，つまり自尊心が傷つけられた時に，その自尊心を満たすような評価を与えてくれる人と人間関係をもちたいと考えるということが明らかになった。落ち込んでいる時に，恋の生まれるチャンスが高いということになる。

以上のことから，人間関係の成立と発展には，物理的な距離の近さ，相手との接触の頻度，態度の類似性，報酬性の要因が影響を及ぼすことが示された。次節では，このように成立した人間関係を維持するための行動，そしてはからずも崩壊してしまうプロセスについて考えてみよう。

3．人間関係の維持と崩壊

　私たちは，友人関係や恋愛関係など，それらの人間関係がよい状態であった場合，その関係を維持することを誰もが望む。しかし，良好な人間関係を維持することができず，残念ながらその関係が崩壊してしまうこともある。人間関係を維持することはそんなにも難しいことなのであろうか。また崩壊は，どのようなプロセスを経てなされるのであろうか，以下に検討する。

（1）　自分は本当に相手と同じように得をしている？

　人間関係の維持と崩壊に関して，社会心理学ではその説明モデルがいくつか考案されている。これらの説明モデルの背景には，橋本茂訳（1978）でホーマンズ（Homans, 1974）による社会的交換理論（social exchange theory）の存在がある。この理論では，人間関係の相互作用を報酬とコストの交換過程としてとらえている。またこの理論では，人間が基本的に利己的であるという前提に立っており，人は他者との相互作用から生じる報酬を最大化しようと動機づけられているとしている。この理論から考えると，たとえば，物理的に距離の近いところに住んでいる友だちとの相互作用は少ないコスト（費用や時間，労力など）で大きな報酬（楽しさや興奮など）を得ることができるため，相手に対する好意度も上がり，その結果，人間関係を維持したいと望むということになる。
　しかし，人はただ単に自分の報酬を最大にできればよいと考えているわけではない。たとえばウオルスターら（Walster et al., 1976）は，人間関係の維持と崩壊について衡平モデル（equity model）を提唱している。このモデルでは，人は自分の報酬とコストを考慮するだけでなく，相手のそれと自分のとを比較して衡平（釣り合いがとれている）か否かを判断し関係を評価すると考える。自分の方が損をしているとわかると不満や怒りを感じるが，自分が得をしていることがわかると相手に悪いというような罪悪感を感じる。自分の報酬と相手

の報酬が同じであり，自分と相手の関係は衡平であるとわかる場合は，満足や喜びを感じることができるので心理的苦痛は少なくなり，安定する。したがって人は，その相手との人間関係を維持しようと考える。しかし，関係が不衡平であるとわかる場合には，人は衡平状態を回復しようとするが，それができないとわかると関係を解消しようと考えるのである。

（2） 人間関係の維持には対処行動が重要

人間関係が崩壊する前には葛藤が経験されることも多い。たとえば，あなたは友だちに言われた一言に傷つき，自分がどんなに傷ついているかを相手に言えずにいたとする。そんなとき，あなたは不満がたまり，葛藤を経験する。この葛藤に対してあなたは，どのような対処行動を行なうであろうか。

葛藤に対する対処行動について，ラズバルトら（Rusbult et al., 1986）は次の4つの対処行動を挙げている。

① **対話**…問題について話し合ったり，妥協を図るなど積極的な関係維持の対処行動
② **待機**…事態が改善することをひたすら信じて待つという消極的な関係維持の対処行動
③ **無視**…相手を無視したり，一緒に過ごす時間を減らすなどの破壊的な対処行動
④ **退去**…別れるなど，関係を積極的に破壊する対処行動

これらのことから，あなたがもし，友だちとの関係を維持したいと考えているのであれば，破壊的な対処行動はとらないこと，相手の破壊行動に対しては破壊行動で返さないようにすることが重要であろう。

葛藤を生じさせている出来事の解釈の仕方も人間関係の維持に影響する。ブレドバリーとフインチャム（Bradbury & Fincham, 1992）は，出来事の解釈の仕方が人間関係に及ぼす影響を検討している。その結果，「相手が自分の誕生日を忘れる」という出来事に対して，「急に用事ができたから」などの外的な状況で起こったとその出来事を解釈する場合には，人間関係の維持に影響を及ぼす

ことはなかった。しかし「思いやりがない」などの内的な要因で起こったと解釈する場合には，人間関係が悪化したという結果であった。相手との人間関係を維持したい場合は，必要以上に内的な要因で出来事を解釈しない方がよいといえよう。

(3) 親しい関係の崩壊ほど心に傷が残る

親しい関係は，どのような段階を経て崩壊してしまうのであろうか。ナップ（Knapp, 1984）は，関係崩壊に至る段階をコミュニケーションの立場から検討し，階段モデルを提示している。そこでは関係崩壊が次の5つの段階を経ていくとしている。

a. **くい違い**：人間関係が崩壊に向かう最初の段階である。この段階では，それまでは我慢することのできた自分と相手との食い違いが，関係の進展を妨げたり，関係後退のきっかけとなる。

b. **境界化**：お互いのくい違いで確認された相違点に関する内容の会話を極力避けたり，少しでも関係改善を可能にするような共通点を探す努力をする。お互いのコミュニケーションは質，量とも限られたものとなる段階である。

c. **停滞**：特に相違点には注意を払わないように努力する段階である。お互いに不愉快な気分になるのを避けるために形だけのコミュニケーションをとるようになる。

d. **回避**：お互いの間に物理的な距離ができる段階である。この段階では，言語よりも非言語的行動によって，反感や嫌悪感を表わすことが多くなる。

e. **終焉**：関係に終止符を打つ段階である。人間関係を崩壊させたことを自分自身に納得させる行動が行なわれる。

これら5つの段階はその順序どおりに，また明確に確認されるとは限らず，その期間も人によって異なるが，このような段階を経て，親しかった人間関係は崩壊する。

親しかった人間関係がはからずも崩壊してしまった後，人はどのような心的反応や行動を起こすのであろうか。恋愛関係が崩壊した場合について考えてみよう。

飛田操（1997）は，交際中の相手への愛情の程度と，関係が崩壊した時の心的反応との関連を検討している。その結果，相手を愛していた者ほど，男性は"ネガティブな強い情動"や"否認"といった心的反応が表われ，女性は"罪悪感"といった心的反応が多く表われることが明らかとなった。

関係崩壊後の行動については，和田実（1999）が恋愛関係崩壊後の行動的反応を調査している。その結果，行動的反応としては「何かにつけて相手のことを思い出すことがあった」，「悲しかった」などの悲痛な思い，「よくデートした場所に行った」，「相手の家の周囲を何度か歩きまわった」などの未練な思いからくる行動を見い出している。また崩壊時に，恋愛関係が進展している者ほど，それらの行動を多く行なっていることが明らかとなった。これらのことから，相手を愛していた者ほど，崩壊後の心的反応や行動的反応が強いことが示されている。

本節では，人間関係の維持がどのように行なわれ，その関係が崩壊するのを防ぐための対処行動が明らかにされた。また崩壊してしまった場合に，その関係が親密であるほど，心的反応や行動が激しいことが明らかにされた。このように，感情や行動に影響を及ぼす親密な人間関係は，どのようなプロセスを経て形成されるのであろうか，次節で検討する。

4．人間関係と親密さ

私たちは，人間関係をどのように親密化させていくのであろうか。親密化のプロセスについて代表的な理論を3つ取り上げ，検討する。その上で，親密な人間関係である友人関係，恋愛関係を取り上げ，どのような要因がそれらの関係に影響を及ぼしているのかを考える。

（1） 親密化のプロセスに関する理論

1） レヴィンガーの親密度の4段階発達論

レヴィンガー（Levinger, 1974）は人間関係の親密度の発展プロセスを，知り合う前から恋人や親友になるまでの4つの段階に分けて説明している。

第1の段階は，接触がなく，お互いに知らない状態。

第2の段階は，二人のうち一方が相手を知っていて情報を集めるが，相手は全くそれを知らない段階。

第3の段階は，はじめてお互いに直接接触をもった段階である。たとえば，挨拶など表面的な接触はあっても相互作用がない関係。

第4の段階は，相互作用がある関係で，その関係の深さによってさらに3つのレベル（知り合い，友だち，親友・恋人）に分けられている。

また，第1の段階から第2，第3，第4の段階へと親密化を増すには，二人の間の距離の近さ，環境の良さ，社会，経済的状況，性格などが関わるとされている。

2） アルトマンの社会的浸透理論

アルトマンら（Altman et al., 1981）は人間関係の親密化について，社会的浸透理論の中で自己開示による関係の発展をモデル化している。

自己開示（self-disclosure）とは，自分についての情報を相手に伝達することである。私たちは一般的には相手との会話を通して親しくなり，人間関係を築く。たとえば，あなたが常日頃，優秀だと思っている友だちから悩みごとを打ち明けられ，友だちが些細なことで悩んでいることを知ったとする。あなたは今まで知らなかった友だちの新しい面を発見し，そんな友だちに対して急に親しみを感じたりすることがあろう。自己開示は，自分についての情報を相手に知らせることで対人関係を親密化させる機能をもつのである。

アルトマンの社会的浸透理論では，見知らぬ人がお互いに表面的レベルから親密レベル，親密レベルから秘密レベルへと自己開示することによって，また自己開示を深く行ない，その領域を広げていくことによって，二人の関係は親

密化していくとしている。

3） マースタインの SVR 理論

マースタイン（Murstein, 1972）の SVR 理論では，未知の二人が出会い，親密になるまでのプロセスとして3つの段階を挙げている。第1段階は，相手から受ける刺激に魅力を感じる刺激（stimulus）の段階である。初めて相手と会った時は，外見がその関係を発展させるかどうかを決める重要な要因となる。第2段階は価値（value）の段階である。ここではお互いの価値観の類似性，つまり趣味やスポーツの好みや生活に対する態度の類似性が重要となる。最後は役割（role）の段階である。相互に役割による相補的な関係を築くことで生活がスムーズに進むようになる。

以上，人間関係の親密化のプロセスを説明する3つの理論について学んだ上で，実際に親密化の進んだ友人関係，恋愛関係について考えてみよう。

（2） 友人関係はあなたを助け，成長させる

自分が困っている時，友だちに助けてもらったり，反対に友だちが落ち込んでいる時に，あなたが助けてあげたりと，友人関係の間ではお互いに助け合い，友情を育てていく。ラ・ガイパ（La Gaipa, 1977）は，友情を構成する要因として，「自己開示」，「共感的理解」，「信頼性」，「援助行動」，「受容」，「肯定的関心」，「向上性」，「類似性」の8つを挙げている。またヘイズ（Hays, 1984）は，大学生における友人関係の形成と発展に関して研究を行ない，相手への思いやり（配慮），一緒にいること，コミュニケーションと自己開示，愛情を示すなどの行動要素が，良好な友人関係の形成と発展に影響を及ぼしていることを報告している。これらの結果から，友人関係の形成と発展には，自己開示，相手への共感や思いやりを示すことがとりわけ重要であることが示されている。

友人関係は，お互いに対等であることが特徴であることから，友人関係が精神発達に及ぼす影響について検討が行われている。たとえば永田良昭（1989）は友人関係とその意義について検討し，友人関係の意義とは，意見や対立を通して，子どもたちが自分の思う通りにならない世界があることを知り，自分の

欲求を統制し，相手との関係を調整するスキルを学ぶことであるとしている。このように友人関係は精神発達に大きな影響を及ぼすとされている。

(3) 興奮すると恋愛が生まれる？

相手を「愛している」ことと「好き」であることとは異なるのであろうか。ルビン（Rubin, 1970）は，「愛している」と「好き」の両者は概念的に区別すべきであるとし，両者を弁別的に測定するためのLove-Liking尺度を作成した（2-1表）。

ルビンによると，好意は相手に対する肯定的な評価，尊敬の心情，自分と相手を似ている者としてみなすことに関連している。これに対して愛情は，相手と一緒にいたいという要求としての愛，相手の幸福を願い，相手のために尽くすことが自分の喜びにつながるとする愛とに区別されるとする。

また恋愛には，特異な性質が認められる。たとえば，恋愛感情は生理的興奮によって生起したり，高まったりすることが明らかにされている。

ダットンとアロン（Dutton & Aron, 1974）は，つり橋と固定された橋の上でのフィールド実験を行なっている。つり橋あるいは固定された橋のいずれかを渡ってきた男性に女子学生が声をかけ，自分の行なっている心理学の研究への協力を依頼した。そして女子学生は，「今，時間がないので研究の説明は電話で行なうのであとで電話をしてくれるよう」男性に頼んだ。その結果，固定した橋を渡った男性のほとんどは電話をかけてこなかったが，つり橋を渡った男性の半数が女子学生に電話をかけてきた。橋の上に立っていたのはどちらも同じ女子学生であったことから，両者に差が生じたのは橋に原因があると考えられた。つり橋は揺れるため，その橋を渡ってきた男性は生理的に興奮をする。その興奮状態で女子学生に会ったことから，自分は一目ぼれをしていると考え電話をしてきたと考えられる。生理的興奮が女性の魅力のためだと錯覚してしまったのである。

恋愛関係の型については，多くの研究者によって類型がなされている。たとえば，リー（Lee, 1974）は，実験参加者各自の実際の恋愛経験についてインタ

2-1表　Love-Liking 尺度（Rubin, 1970；藤原ら, 1983）

love 尺度
1. もし××さんが元気がなさそうだったら，私は真っ先に励ましてあげたい。
2. すべての事柄について，私は××さんを信頼できるという気がする。
3. ××さんに欠点があっても，それを気にしないでいられる。
4. ××さんのためなら，ほとんど何でもしてあげるつもりだ。
5. ××さんをひとり占めしたいとおもう。
6. ××さんと一緒にいられなければ，私はひどく寂しくなる。
7. 私は一人でいると，いつも××さんに会いたいと思う。
8. ××さんが幸せになるのが私の最大の関心である。
9. ××さんのことならなんでも許せる。
10. 私は××さんを幸せにすることに責任を感じている。
11. ××さんと一緒にいると，相手の顔を見つめていることが多い。
12. ××さんから信頼されると，とてもうれしく思う。
13. ××さんなしに過ごすことは，つらいことだ。

Liking 尺度
1. 私は××さんと一緒にいる時，ほとんど同じ気分になる。
2. ××さんはとても適応力のある人だと思う。
3. ××さんは責任ある仕事に推薦できる人物だと思う。
4. 私は××さんをとてもよくできた人だと思う。
5. ××さんの判断の良さには全面の信頼をおいている。
6. ××さんと知り合いになれば，すぐに××さんを好きになると思う。
7. ××さんと私はお互いにとてもよく似ていると思う。
8. クラスやグループで選挙があれば私は××さんに投票するつもりだ。
9. ××さんはみんなから尊敬されるような人物だと思う。
10. ××さんはとても知的な人だと思う。
11. ××さんは私の知り合いの中でもっとも好ましい人物だと思う。
12. 私は××さんのような人物になりたいと思う。
13. ××さんは賞賛の的になりやすい人物だと思う。

注）××に恋人あるいは友人の名前を入れて，"まったく思わない（1点）"から"非常にそう思う（9点）"の9段階尺度で自己評定する。

ビュー調査を行ない，その結果，恋愛を次の6つのタイプに分類した。それらは，① 恋愛を至上のものと考える「情熱的タイプ」，② 恋愛をゲームとしてとらえ楽しむことを大切に考える「遊愛的タイプ」，③ 穏かな，友情的な恋愛である「友愛的タイプ」，④ 独占欲が高い愛である「狂愛的タイプ」，⑤ 恋愛を地位の上昇の手段と考える「利愛的タイプ」，⑥ 相手の利益だけを考える「神愛的タイプ」の6つである。

　以上，本節では，人間関係を親密化させるプロセスについて，主に3つの理論から検討した。また親密化が進んだ関係である友人関係，恋愛関係の形成発展に影響を及ぼす要因を明らかにした。

　本章では，人間関係を形成，維持するための要因やそのプロセス，また崩壊や親密化について検討を行なった。その結果，出会いの人間関係においては，相手の性格，能力，身体的魅力，自己呈示が重要であり，人間関係を成立させるためには，近隣性，頻度，態度の類似性や報酬性が関わることが明らかとなった。加えて人間関係の維持と崩壊のプロセス，さらに人間関係を親密化させるプロセスについて検討を行なった。その結果，どのように行動することで人間関係の崩壊を防ぎ，その維持や親密化を図ることができるのかについての有益な示唆が得られたと思われる。これらの示唆を踏まえた上で，お互いに喜びや楽しみを見い出せるような豊かな人間関係を築いていくことが望まれるであろう。

3章

人間関係と対人行動

　本章では，私たちが日頃行なっている対人行動を例にとり，それが人間関係に及ぼす影響と，よりよい人間関係づくりの方策について考える。

1．人間関係の要因

　人間は「社会的存在（社会的動物）」であるといわれる。私たちは好むと好まざるとに関わらず，社会集団の中で生活している。「社会集団」とは，複数行為者の間に心理的あるいは役割に基づく機能的な相互行為や相互関係がある相互依存的で積極的な集まりのことをいう。つまり，人々の関係の総体が一つの輪郭をもったものが社会なのである。駅のプラットホームで電車を待っている群れのような，単に空間的に接近し，同時的に存在するだけの群集は，その時点では何らつながりもないので「集合」でしかなく，集団とは区別される。

　私たちは日頃の集団生活の中で，あまり意識することなく，不特定多数の人人に影響を与えたり，また与えられたりして生活している。しかしその社会を構成しているのは一人ひとりの人間であり，集団の最小単位は二人である。お互いに対する一連の関係性の中にある複数の人間（自己）の集まりで社会が構成されていくのだとすると，当然のことながら，そのスタート地点は「自己」である。

　集団の最小単位である「1対1の人間関係」で想像しやすいのはおそらく恋愛と友情であろう。恋愛でも，その他の人間関係でも，「関係」を理解するためには，まず「自己」をもつことが大前提である。

(1) 自己を知る

1）自己概念

　人の社会的行動に大きな影響を与えるのは、その人の「自己概念」である。自己概念（self-concept）とは自分自身のことをどのように受けとめ、どのように思っているのかという、自己について全体像のことをいう。セルフ・イメージといってもよいだろう。自分がどのような人間であるのかが把握できていないと、他者とどのように付き合っていくべきか、常に迷うことになる。

　梶田叡一（1988）は自己概念について、「その人が持つ自己意識を暗黙のうちに支えているものと想定される基盤的な概念構造である」と述べ、「個々人の内面世界で成立している自己と他者のあり方次第で、対人関係は決まってくる」とし、「自己意識のあり方によって、人の社会的相互作用や対人関係が大きく規定されてくる」と指摘する。「社会的相互作用」とは、社会的な場面において、お互いが相手に影響を与えたり与えられたりして成立する関係のことをいう。この他者との相互作用の中で「個人は自分が何者であるのか、また、自分は他者と取り替えのきかない自分自身であるという、自己アイデンティティを確立していく」（伊藤公雄・橋本満，1998）のである。

　私たちは絶え間なく社会と関わりをもち、社会生活の営みの中から社会性を獲得したパーソナリティを具えてきた。社会性をもち、社会的行動を適切に行なうためには、人から見られていることを予測する能力、すなわち、自己を客観視する能力が不可欠である。

2）見る私と見られる私

　自己概念のもち方によって、当然、その人物のパフォーマンス（自己表現）のあり方も変わってくるだろう。他者との社会的相互作用を通して「見られている自分」を意識することで、自己概念は拡がっていく。

　クーリー（Cooley，1902）は「個人の自己概念は社会的に形成される」とし、他者の目を鏡としてそこに映った私についての評価を想像することによって自己は形成されるという観点から、私の他者性を「鏡映的自己（looking-glass self)」と表現している。私たちがもつ誇りや恥の感情は単なる機械的な反射ではなく，非難された時の心情や他者の心に映ることを想像した効果によるものである。

ただし，ここでいう「自分を見る眼」は他者だけではない。自分の中にも「他者」は存在する。ミード（Mead, 1934）は個人が相手の立場や観点から自分自身を認識することを「他者の役割取得（role-taking of the other）」と呼び，主体としての自己（主我：I）と客体としての自己（客我：me）に区分している。すなわち，自分の中には常にもう一人の自分として，知られる対象である自己"me"が，"I"という，知る自己によって観察されているのである。

I と me の内的相互作用による「他者の役割取得」は将来を見通して反応を制御する自己統制のメカニズムとなり，他者と自分の行為の将来起こりうる反応を予想して相互調整することができる。この内的相互作用は，「行為の実施に先立つ予行演習であり，また，行為の成否の事前の検討・評価であって，それは思考に他ならない」のである（間場寿一，1986）。

人間が社会に適応し，正常な生活を送るためには，自分を客観視できることが不可欠である。主我（I）と客我（me）という二人の自分の存在によって，自己概念形成の手がかりとすることができる。自己の認識を可能にするには，他者との関わりが不可欠であることを忘れてはならない。その前提が，まず自身の中に自分を見るもう1つの眼を養うことなのである。

3）人間関係の中の自分を監視する

ところで，自己意識（注意の自己焦点づけ）をもち，自己覚知（self-awareness）が正確にできることは，状況における自己の姿を振り返りやすいといわれる。スナイダー（Snyder, 1986）は社会的な状況や人間関係の中の自分をモニター（自己監視）する，すなわち自分を観察し，規制し，コントロールすることを「セルフ・モニタリング（self-monitoring）」という概念で説明している。これによると，セルフ・モニタリング傾向の高い人（高モニター）ほど，自分の社会的行動がその場の状況に適切かどうかのヒントにとても敏感で，またそのヒントを自己の表出行動をモニターするためのガイドラインとして使用

するスキルに長けている。また反対に，この傾向の低い人（低モニター）は自分の周りの雰囲気には関心を示さず，自己表現に必要な情報に比較的疎く，他者とうまく付き合うための自己表現用のスキルをあまりもっていない。

　私たちが生活する社会は動的なものであり，決して単純な世界ではない。対面的相互作用の舞台は刻々と変化しており，そのつど，その状況にふさわしい自己を選択し表現することになる。その場に最もふさわしい自己を他者に表現することで対人関係を円滑に進めようとした時，周囲の状況や社会的期待を瞬時に汲み取れる能力は必要不可欠である。したがって，自分が今，この瞬間に求められている役割を理解するには，セルフ・モニタリング能力を高めることも必要である。

4）ありのままの自己を受け容れる

　先に述べたように，どのような自己イメージをもつかによって，その人の意識や行動のあり方は大きく規定されてくる。自分の価値，能力，適性などの自己評価が肯定的であることを『自尊感情』（self-esteem）という。自尊感情の高い人は，「自分に自信があり，自分は有能で，自分のことが好きだ」という肯定的な自己イメージをもつ。反対に，自尊感情の低い人ほど自分に自信がなく，自分のことを好きになれず，否定的な自己イメージしかもてない。その結果，「きっと出来る」という肯定的な自己イメージの人と，「どうせ出来ない」と思っている否定的な自己イメージの人とで，目標設定や努力量などに当然，差が見られ，達成度も変わってくる。

　自分に自信がなく，自己否定的な人は，他者との関わり方にも影響が出る。いつも相手の顔色をうかがい，自分の意見を言わず，相手に合わせてばかりで，場合によって自分自身をも閉じ込めてしまう。これではよい人間関係など到底つくれない。

　人間は誰しも自分を価値あるものとして認め，大切にされたいという「自尊欲求」をもっている。自己変革・自己成長の前提は「あるがままの自分を嫌悪しないこと」である。これを『自己受容』（self acceptance）という。自己否定の気持ちからは，何ものも生まれない。マイナスの自分から眼をそむけ，嫌悪

するのではなく，ありのままの自分を受け容れ，自己の側面を見つめ直し，改善の努力をする気持ちをもつことが必要なのである。

（２）　人を見る目は正しいか——対人認知

　私たちは日々いろいろな他者と関わりながら生活しているが，自分が関わりをもとうとしている他者の心理状態や性格に，無関心なまま付き合っていくことは出来ない。社会的環境に適応し，他者との人間関係を営むためには，自分が出会った人たちがどのような人物なのか，理解することが必要である。他者の容貌や行動，風評など，他者に関するさまざまな情報を手がかりとして，パーソナリティや能力，情動や意図，態度など，その人の内面の特性や心理状態に始まり，その他者をめぐる対人関係までを推論することを「対人認知」という。

　一般に，対人認知過程は認知する側が相手のもつ情報の「ある側面」に注目することから始まる。「ある側面」とは，認知しようとしている対象がもっているすべての情報の中から，自分がその人物を理解するのに有効だと判断し，選択した情報の一側面ということである。それは，その時の状況や認知者の心の状態によっても異なる。また，認知者の過去の体験やパーソナリティによっても影響を受ける。そして，認知者は相手から受け取った「情報」を手がかりとして，その相手がどのような人物であるかを「推測」し「判断」する。これによって，「将来の行動を予測」することが可能になるのである。

　ところが，私たちは決して外界で得た情報のすべてをあるがままに見ているわけではない。私たちの対人認知は自分が作り上げてきた，ある枠組みに従って選択的に知覚されており，きわめて主観的で予断に満ち，その人の断片的な情報で認知しているに過ぎない点に注意すべきである。つまり，「対人認知にゆがみはつきもの」なのである。

１）パーソナリティの認知

　対人認知の過程で行なわれているのは，主としてパーソナリティの認知である。しかし，ある意味で，この認知ほど当てにならないものもない。たとえば，

あなたは友人同士の会話において、「○○さんって〜だよね」とよく知らない相手を決めつけたり、少し仲良くなっただけで「私たちって似ているよね」と表面上の特徴だけで言い合ったり、また、相手の情報を得る第一手段として「ねえ、何型？」と血液型を尋ねてはいないだろうか。これらはすべて、全く根拠のない推論に過ぎない。

そもそも「認知」とは、知ること、分かることに関する人間の精神活動の総称をいう。人間が行なう限り、「絶対に正しい認知」などあり得ないのである。その典型例を紹介する。あなたはいくつ思い当たるだろうか。

a. **ハロー・エフェクト**（halo effect）　光背効果または後光効果ともいう。halo とは聖像や仏像を取り囲む後光（光背）のことを指す。人物評価の際、ある人が一部の側面で好ましい（または好ましくない）特性をもっていると、事実の確認なしに、その人の、他のすべての特性を不当に高く（あるいは低く）評価してしまう傾向をいう。超一流大学を出ていると聞いただけで、その人物が立派だと思い込んだり、国語と数学がトップの成績だと聞くと、他の科目もトップに違いないと判断してしまったりするのである。

b. **寛大効果**（leniency effect）　寛容効果ともいう。他者を評価する際に、全体的に好意的なものになりやすい傾向を指す。望ましい特性（好ましい面）についてはより一層高く評価し、望ましくない特性（好ましくない面）は割り引いて、寛大に評価する傾向をいう。恋愛に当てはめるとよく理解できるだろう。「あばたもえくぼ」で、人は誰かを好きになると、その人の好ましい面ばかりに目が行き、欠点までもがよく見えるものである。

c. **仮定された類似性**（assumed similarity）　想定類似性、主観的類似性ともいう。自分が好意をもっている相手の方が、嫌いな相手よりも実際以上に自分と類似した好ましいパーソナリティをもっていると仮定する傾向のことをいう。特に女子学生はいち早く他者と仲良くなりたいと思うあまり、少しでも相手と仲良くなると「私たちって似ているよね」と判断するのである。

d. **暗黙裡の性格観**（implicit personality theory）　世間の人々が人のパーソナリティに関して、漠然とした形で抱いている考え方や信念体系のことを

いう。私たちはそれまでの生活経験に基づいて,「Aという特性をもつ人は,Bというパーソナリティも具えている」という,パーソナリティ特性の間に暗黙の関係図式をつくり上げている。そのため,わずかな情報だけで関係図式を用い,全体の印象を形成してしまうのである。この典型例が「血液型」である。血液型ほど根拠がなく,かつ"まことしやかに"語られているものもないだろう。

e. **フォールス・コンセンサス効果**(false consensus effect) 「誤った合意性の効果」という意味で,フォールス・コンセンサス・バイアス(false consensus bias)ともいう。要は「誤った一般化」である。バイアスとは認知にゆがみを与えるような偏りのことをいい,一般的には先入態度を指す。自分が選択し判断した意見や行動を,他者に共通する比較的一般的なものであり,その状況では適切なものであると評定し,それ以外の反応は特殊で一般から逸脱した不適切なものであるとみなす傾向をいう。

f. **ステレオタイプ的認知**(stereotyping) 「AならばBである」といった,判で押したように決めつけたものの考え方をする「紋切型」を「ステレオタイプ(stereotype)」という。他者のパーソナリティを判断する時,外部に現われた一部の特徴(髪の毛や皮膚の色,体型など)やその人に関する情報(性別,年齢,学歴,職業,国籍,人種など)によって,その人をカテゴリー化(categorization)してしまう。「太っている人はのんびりしている」「痩せているから神経質である」とは限らないし,「大阪人だから面白い」とも限らないのである。

2)印象形成

そもそも,印象はどのようにして形成されているのだろうか。すでに見てきたように,私たちは断片的な情報から統一的な印象を形成する傾向をもつ。

ケリー(Kelley, 1950)は,ある未知の人物(心理学教員)に関する2種類の紹介文を2つのグループの被験者(学生)に見せ,授業終了後の印象や評価について実験した。2枚の紹介文は3-1表の通りだが,よくみると違っているのは1箇所(暖かい・冷たい)だけである。ところが,そのたった1語が印象を

まとめ上げる過程での「中心特性語」となり，印象形成に大きな違いを及ぼしたのである。そのうえ，授業中の学生の発言量が大きく異なっている。事前に，先生を暖かい人と聞いていた人の56％が発言しているのに対し，冷たい人と聞いていた人たちは32％しか発言しなかった。いかに，人間が先入印象によって，その後の実際の人間関係にまで影響を受けているかがわかる例である。

3-1表 ブラウン先生の2つの紹介文（Kelly, 1950）

略歴A	略歴B
ブラウン先生は，マサチューセッツ工科大学の社会科学部の卒業生です。 先生は他の大学で3学期間，心理学を教えた経験がありますが，この大学で講師をするのは初めてです。 先生は26歳，経験豊かで結婚しています。 先生を知る人はどちらかというと**暖かくて**，勤勉で批判力に優れ，現実的で決断力があるといっています。	ブラウン先生は，マサチューセッツ工科大学の社会科学部の卒業生です。 先生は他の大学で3学期間，心理学を教えた経験がありますが，この大学で講師をするのは初めてです。 先生は26歳，経験豊かで結婚しています。 先生を知る人はどちらかというと**冷たくて**，勤勉で批判力に優れ，現実的で決断力があるといっています。

また，アッシュ（Asch, 1946）は，ひとりの人物の性格特性として，2つの集団に対し，6つの性格特性語の順番を入れ替えて聞かせ，その後の印象を聞くという実験を行なった。リストの順番はAグループが「①知的な ⇒ ②勤勉な ⇒ ③衝動的な ⇒ ④批判的な ⇒ ⑤頑固な ⇒ ⑥嫉妬深い」で，もう一方のBグループが「①嫉妬深い ⇒ ②頑固な ⇒ ③批判的な ⇒ ④衝動的な ⇒ ⑤勤勉な ⇒ ⑥知的な」である。聞く順番が逆だが，並べ方は同じである。ところが，その結果は全く異なるものであった。

Aグループによって形成された一般的印象は「この人は有能な人物です。しかし，それほど重大なものではないが欠点もあります」であったのに対し，

Bグループのものは「この人は,問題をもった人物です。そのため,もてる能力を発揮することも出来ません」という結果だったのである。このように,後から提示される情報よりも,最初に提示される情報の方が印象形成に大きな影響を及ぼすことを『初頭効果』(primacy effect)という。

初対面の人との人間関係づくりをしたいと思ったら,やはり,第一印象をよくすることに神経を使うべきだろう。

2. 人間関係の諸場面

人間とは実に不思議な動物である。すぐ群れをなしたがるかと思えば,些細なことで対立したり争いを起こしたりもする。人間(ジンカン:人と人との間)で生きる私たちは「人間関係的存在」ともいわれ,人との関わりの中で日々さまざまな問題に直面しているのである。そこには一体どのようなメカニズムが働いているのであろうか。

(1) 友好的関係と敵対的関係

人間関係には相互受容的な友好的関係と,反対に,相互拒否的な敵対的関係が存在する。友好的関係は他者に対するポジティブな行動となって現われ,敵対的関係はネガティブな行動となって現われる。前者の典型的行動が『援助行動』(helping behavior)であり,後者が『攻撃行動』(aggressive behavior)である。

1) 人を思いやる——援助行動

あなたは困っている人を見かけたら,すすんで手を差し伸べることができるだろうか。困っている他者に対して,他者が望む状態を実現するために手を貸す行動を『援助行動』という。他者にポジティブな影響を与える向社会的行動の典型例といえる。

「電車の中で抵抗なく,お年寄りに席を譲ることが出来るか」という質問を若者にぶつけると,残念なことに「イエス」と答える者が実に少ない。なぜ譲ら

ないのか理由を聞くと「自分だって疲れているから」「譲って拒絶されるのが怖いから」「いい子ぶっていると思われたくないから」という意見が大多数を占める。この根底には，「自分がやらねば」という使命感の代わりに「別に自分が譲らなくても，誰かが譲ってくれるに違いない」という意識が存在する。

　ところが，もし仮に（あり得ないことではあるが），電車の中に席が1つしかなく，その1つにあなたが座っていたとしよう。乗っているのもあなた一人だ。そこにお年寄りが乗ってきたら，あなたはどうするだろうか。よほどのことがない限り，スムーズに席を譲るのではないだろうか。なぜならば，「当事者」はあなた一人だからである。

　これに対して，周囲に他者が存在すると，人は他者の目を意識し，行動が抑制されやすい。このように他者（傍観者）の存在によって援助行動が抑制され，傍観者の数が多くなればなるほど，人は援助を控えてしまうことを『傍観者効果』（bystander effect）と呼ぶ。

　そもそも，この援助行動と傍観者効果の研究のきっかけとなったのはキティ・ジェノベーゼ事件である。1964年3月13日の午前3時20分，ニューヨーク郊外のマンションに囲まれた駐車場で，仕事帰りのキティ・ジェノベーゼという女性が車から降りたところを暴漢に襲われ，ナイフで刺されて死亡した。ところが，彼女は一度で絶命したわけではなく，逃げながら，数度にわたり同じ暴漢に刺されているのである。しかも，その間，何度も大声で「助けて，殺される，助けて！」と叫んでいる。

　その後の調査によると，驚くべきことに，少なくとも周囲の38人がこの事件を各自の家の窓から目撃していたのである。ところが，誰一人として彼女を助けに外に出た人はおらず，また警察に通報した人もいなかった。警察に第一報が入ったのは，彼女の死後であったという。この事件は当時，大きな話題となり，都会人の冷たさが象徴された事件として伝えられた。

　しかし，実は彼女が助からなかったのは，目撃者が「38人も」いたからなのである。目撃者が多ければ多いほど，誰かが助けるだろうと皆が考え，その結果，誰も助けようとしないという悲劇が起こる可能性が高い。

ラタネとダーリー（Latané & Darley, 1970）は援助行動が抑制される傍観者効果が生じる理由として，次の3点を挙げている．

a. **社会的責任の分散**：「きっと誰かが助けるだろう」　周囲に他者（傍観者）が存在することによって，援助すべき責任が周囲の一人ひとりに分散され，援助されにくくなる．
b. **社会的影響**：「（周りも助けないのだから）きっと大したことがないのだろう」　他者の無反応（周囲の誰もが援助しない）に影響されて，援助する必要がないと思い，結果として援助しなくなる．
c. **評価懸念**：「いい子，でしゃばりと思われたくない」　援助することで他者からいろいろ評価されるのではないかと気にして，援助するのを躊躇してしまう．

　JRや私鉄の構内や車内で，よく「お年寄りや身体の不自由な方に席を譲りましょう」というマナーポスターを見かける．日本にシルバーシートが誕生して久しいが，よく考えてみると，実にナンセンスといわざるを得ない．そもそも，なぜシルバーシートが必要になったのか．それは「譲るのが当然」と考え，ごく自然に席を立てる人が減ったからに他ならない．確かに都会人は老若男女を問わず疲れているかもしれないが，「自分さえよければ」「別に自分がやらなくても，誰かが…」という意識では，良好な人間関係づくりなど到底できるものではない．他者を思いやり，援助するスキルは，人間関係形成の重要な点であることを念頭においてほしい．

　「誰かが助けるだろう」は，結局，誰も助けないのである．

2）社会的手抜き──人が手を抜く時

　援助行動と同様，当事者意識の有無が大きく影響するものに「手抜き」が挙げられる．組織でチームワークを築こうとする時，共に力を合わせて一つの課題に取り組むことが必要になるが，実際はなかなかそううまくはいかないものである．集団で何かをやろうとすると，必ずといってよいほど手を抜く人が出現し，真面目に取り組んでいる人々の反感を買っているという場面に出くわすことがあるだろう．なぜ，人は手を抜くのだろうか．

2．人間関係の諸場面

「三人寄れば文殊の知恵」という諺がある。これは，愚かな者でも三人集まって相談すれば文殊菩薩（もんじゅぼさつ；仏の知恵を象徴する菩薩）のようなよい知恵が出るという意味である。これとよく似た譬えとして，毛利元就の「三本の矢」の話はつとに有名である。また，「三人寄れば公界（くがい；公的な場所）」ともいわれる。つまり，1対1の間は「二人の世界」だが，三人になるとそこにはすでに「社会」が存在しているというのである。

一般的に，二人では力が足りなくてできないことでも，三人，四人と人が集まれば力が大きくなると考えられているが，果たしてこれは本当なのだろうか。確かに，メンバー全員が同じ方向性（目的）をもって，共に頑張ろうと人知を結集している時はとても大きな力となる。場合によって，そこで生み出される結果は「足し算」どころか，相乗効果による「掛け算」となることもある。しかし残念なことに，いつもプラスの効果が得られるとは限らない。

人が増えれば増えるほど，「当事者意識」が薄まり，「別に自分一人が真剣にやらなくても…」という考えをもつ可能性もある。その代表例が運動会の綱引きであろう。手がちぎれそうなほど真剣に綱を引いている人が，一体どれだけいるだろうか。むろん，いい加減な人ばかりではないが，中には必ず「手抜き」をしようとする者が存在する。集団サイズ（綱を引いている人数）が増えれば増えるほど顕著である。

このような，個人で作業する時の努力量に比べて集団で作業するときの努力量が低下する現象を『社会的手抜き』または『社会的怠惰』（social loafing）と呼ぶ。なぜ人は手抜きをするのか，その理由として以下のものが挙げられる。

- 集団で行なう作業は個人の遂行量の識別可能性がないため，怠けても非難されることはないし，逆に努力したからといって正当な報酬が得にくい。
- 人数が増えることによって，社会的圧力が分散され，個人に求められる努力量が低く認知されやすい。
- 集団作業において，他者が課題遂行に貢献していないことを認知すると個人の動機づけが低下し，「他の人がやらないなら，自分もやらない」と自分も最小の努力しか払わずに，集団の利益の恩恵に与ろうとしやすい。

1対1の場合は、目の前にいる相手を助けられるのは自分しかいないが、社会の中では「自分だけ」という意識はもちにくいのである。まさに「三人寄れば共倒れ」になる可能性すらある。集団の中でも個人が手抜きをせずに課題に集中し、課題遂行を促進するためには、① 観察者が存在すること（観察者効果・観客効果・見物効果）と、② 同一の課題を同時に、かつ独立して行なう他者が存在すること（共行動効果）が必要なのである。

3）攻撃行動──人と争う

『攻撃行動』とは、一方が他方に対して、故意に嫌悪刺激を与える、社会的に好ましくない行動である。バロン（Barron, 1977）は「攻撃とは、どんな形であれ、危険を避けようとする他人に危害を加えようとしてなされる行動である」と定義する。

これによると、攻撃は、① 感情や、動機、態度ではなく、実際に外部に表出された行動である、② 相手に危害を加えようとする意図に基づく、③ 肉体的損傷だけではなく、相手にもたらす不快な結果も含む、④ 人間に危害を加える行為のみに限定される、⑤ 危害を避けようとしている人への危害である、ということが分かる。したがって、心の中で誰かに憎しみの感情を抱いたり、腹立ちまぎれにゴミ箱を蹴飛ばしたりという行為は、攻撃行動とは呼ばない。また、子供のしつけで親がお尻を叩いたとしても、危害を加えようとする意図がなければ攻撃にはあたらない。

攻撃行動にはさまざまなものが考えられるが、バス（Buss, 1961）によれば、① 身体的 ⇔ 言語的、② 積極的 ⇔ 消極的、③ 直接的 ⇔ 間接的、の3つの次元の掛け合わせによって行なわれる。たとえば、身体的に積極的かつ直接的な行動に出た場合、叩いたり殴ったりということがなされる。しかし中には、人に殴らせるといった間接的な方法に出る者もいる。また、無視して口をきかなかったり、わざとミスをして迷惑をかけるというマイナスの行動も、立派な攻撃行動である。

特に重要なのは、「相手が嫌がるだろう」とわかっていてやるという「予測性」と、それを故意に行なうという「意図性」の2つの要素が含まれていると

いう点である。ときどき，実ににこやかに，表面上はいかにも好意的に見せて，相手の嫌がることをする人を見かけるが，これも攻撃に他ならない。

　攻撃行動を行ないやすい状況や人間のタイプというのはあるのだろうか。ダラードら（Dollard et al., 1939）によると，攻撃は常にフラストレーションから生じ，フラストレーションは常に何らかの形で攻撃を引き起こす。これを「フラストレーション－攻撃説」という。また，バーコヴィッツら（Berkowitz et al., 1966）は，攻撃行動の重要な決定要因は，攻撃行動を引き起こすための適当な手がかり（現在ないし過去の攻撃と結びついた刺激）の存在にあるという「攻撃手掛かり説」を主張している。ここでは，一般的な刺激としてナイフやピストルなどの武器が挙げられる。また，バンデューラ（Bandura, 1965）の「攻撃の社会的学習理論」によれば，人間は学習する動物なので，子どもの頃からおとなの攻撃行動を観察学習した子どもはモデリング（modeling）し，その結果，攻撃行動が身につくという。ここでモデリングとは，他者（モデル）の行動を見聞するだけで成立する学習のことをいう。その他，フロイト（Freud, 1921）は，死の本能（タナトス：Thanatos）を仮定し，人は生まれながらにして攻撃と破壊を求める内的衝動を本能としてもつという「攻撃の本能理論」を主張している。これについては，ノーベル賞受賞の比較行動学者ローレンツ（Lorenz, 1963）も，攻撃本能は多くの動物に共通するものであるという生得的攻撃機能説を主張している。

　「タイプA」と呼ばれる性格特性をもつ人々は，攻撃行動を起こしやすいともいわれる。タイプAの人は，非常に活動的かつ競争的で，いつも時間に追われて急いでおり，怒りっぽい。そのため，自分の競争者に対して攻撃的になる傾向をもっている。もしあなたが，車の運転をしていて，頻繁に追い越しをするタイプだったら要注意である。

　攻撃は他者を不必要に傷つける。人間関係を円滑に運ぼうと思ったら，攻撃行動をコントロールできる力が必要であろう。フェッシュバック（Feshbach, 1955）は，頭の中で攻撃行動を空想するだけでも，攻撃動因を低減できるという。特に子どもの場合，攻撃行動をとらなかったことをほめるだけでも抑制は

可能だろう。しかし、単に低減するだけではなく、攻撃行動をとらずに問題解決している人を探してモデリングしたり、反攻撃的価値を教育によって内面化させたりすることで、攻撃行動をとらない人間になるようにしたい。

何よりも大切なのは、攻撃された側に立ち、その人の苦痛を理解できる共感性を育てることではないだろうか。常に相手の立場に立ってものを考える癖をつけたいものである。

（2） 人間関係のダイナミクス——人を動かす

1）説得と態度変容

あなたは頼みごとや自分の意見を通すために親や友だちにものを言って、頭ごなしの反対や反発にあい、粉砕されてしまった経験はないだろうか。また逆に、化粧品コーナーや何かの新製品コーナーをたまたま通りがかっただけだったはずが、気づいたらたくさんの商品を買ってしまい、冷静になってから自己嫌悪に陥ったことがある人も多いだろう。

私たちは日頃、周囲の人々の態度や行動を変化させるために、さまざまな働きかけをしたり、また、されたりしている。主として言語的メッセージを用いて、他者の態度や行動を特定の方向に変容させる行為を「説得」（persuasion）という。その手段として用いられるのが「説得的コミュニケーション」（persuasive communication）である。顧客への自社製品の売り込みや上司への提案など、年齢が上がれば上がるほど、私たちは説得をしなければならない場面が多くなる。むろん、これは社会人だけに必要なものではない。学園祭の催し物も、友だちとの卒業旅行の行き先も、そして、親に男女交際を反対された時にも不可欠な能力なのである。

一方、自分が説得される側にまわった時、簡単に言いくるめられてしまうわけにはいかないだろう。

2）態度変容の諸要因

一般的に、説得の諸要因は、① 誰が（送り手：communicator）、② 何を（メッセージ：message）、③ どのような手段で（チャネル：channel）、④ 誰

に（受け手：recipient）の4つの側面から構成されている。

a. **送り手の要因**　説得が成功するか否かの第一要因は，「誰が説得するか」である。見知らぬ他者に化粧品を勧められて，買いたいと思う人は少ない。化粧品コーナーの美容部員を「美容のプロ」と認めた時にはじめて，私たちの心は動く。それは，彼らがもっている（あるいはもっていると思われる）「専門性」と，肩書きやその人自身の人間性による「信頼性」によって動かされているのである。これを『送り手の信憑性（しんぴょうせい）』（credibility of source）という。

　ただし，信憑性の高低による態度変容の効果の差は，時間経過とともに消失する。これは，時間が経過するにつれて，送り手の信憑性に関する記憶が急速に失われ，送り手と説得内容とが分離され，内容のみが想起されるからである。ホヴランドとワイス（Hovland & Weiss, 1951）の実験によれば，説得後約4週間で，送り手の信憑性の高低による説得効果の差は消失することが明らかになっている。このように本来の効果が時間的に遅れて出現することから，この現象を「スリーパー効果」（sleeper effect）と呼ぶ。

　また，「送り手の魅力・類似性」も重要な要因の1つである。送り手と受け手の性別に関わらず，送り手の身体的魅力は説得効果を増し，受け手にとって送り手がより同質であると知覚された方が説得効果は大きい。これは，受け手が送り手を同一視したいという欲求に基づいていると考えられる。

b. **メッセージの内容**　説得の際，私たちはともすれば自分に都合の悪いことは隠し，都合のよいことばかりを並べ立てようとする。果たして，これは効果的といえるだろうか。メッセージの出し方には，送り手が説得したいと考えている方向の内容だけを呈示する「一面呈示」（one-sided communication）と，自分に不利な材料や可能性がある他の結論も一緒に呈示する「両面呈示」（two-sided communication）がある。

　議論には賛否両論が付きものである。高等教育を受け，知的レベルが高いとされる人々は，両面的に呈示され，自分自身で結論を導き出すことに満足感を得る。したがって，結論を一方的に呈示されると，あたかも自分が侮辱

されたかのような気分になり，メッセージに反発する可能性が高い。これに対し，教育水準の低い人は，迷うことなく選べる一面呈示の方が効果が高い。また，ホヴランドら（Hovland, et al., 1953）によれば，受け手の意見が送り手の結論と対立している時は両面呈示が有効であり，送り手の結論に近い立場に受け手がある場合は一面呈示が有効であった。

ところで，説得的コミュニケーションは，時として，受け手の恐怖心を喚起して行なわれることがある。つまり，理性よりも受け手の感情に訴えかけるのである。これを「恐怖アピールによる説得」という。定期試験が近づくと，不真面目な学生が教員に「これ以上，遅刻・欠席をすると，単位は与えません」と言われるのも，この一例である。

喚起される恐怖の程度が強ければ強いほど，説得効果は上がる。なぜならば，強い恐怖メッセージによって受け手は不安感や恐怖感を高め，強い情緒的緊張を引き起こし，メッセージの内容を受け入れるように強く動機づけられるからである。ただし，ただ脅すだけで有効な解決策を呈示しない場合や，与える恐怖が大きすぎた場合は，恐怖アピールの有効性は失われるので，注意が必要である。

c. **メッセージの伝え方** 　メッセージの伝達媒体をチャネルという。対面のコミュニケーションであれば会話がチャネルとなる。文字や電話，テレビなどもチャネルの一種である。現代社会で私たちはテレビや雑誌から影響されていることも多いが，視聴覚メディアと活字メディアでは，どちらが説得に有利だろうか。

チェイキンとイーグリー（Chaiken & Eagly, 1976）の実験によると，難易度の高いものほど，メッセージの理解も唱導方向への意見変化も，文書の方が有利であることが明らかになった。また，平易なものに関しては，説得の効果は録画がいちばん大きく，次いで録音，文書の順で小さくなるが，メッセージの理解に関しては差異がなかった。

d. **受け手の要因** 　私たちの中には，他者の言葉に耳を貸さない人もいれば，簡単に動かされてしまう人もいる。説得に対する感受性，すなわち，受け手

の説得のされやすさを「被説得性」(persuasibility) という。被説得性の高い人とは，説得されやすい人であり，反対に被説得性の低い人は説得されにくい人である。

　この被説得性には，ある特定の条件下でのみ説得されやすい特殊的被説得性と，どんな条件のもとでも説得されやすい一般的被説得性とがある。どんな状況下でも共通して説得されやすい人とはどのような人だろうか。ここでは，一般的被説得性を問題にしたい。

(1)　**自尊感情**(self-esteem)　　自尊感情とは，自分の価値，能力，適性などの自己評価が肯定的であることを意味する。マクガイア (McGuire, 1968) によれば，一般的に説得メッセージの理解（処理能力）と説得メッセージの受け入れやすさ（屈しやすさ）が増加すれば，説得効果も増加し，被説得性が高まる。ところが，自尊感情との関わりで見ると，受け手の自尊感情が高くなるほど説得メッセージの理解は増加するが，反対に，説得メッセージの受け入れやすさは減少するという。そのため，中程度の自尊感情の受け手が，相対的に被説得性が最も高くなることが明らかになった。

(2)　**不安傾向**(anxiety tendency)　　ジャニス (Janis, 1959) の調査によると，不安傾向（不安神経症傾向・強迫神経症傾向）が強い人は被説得性が低く，不安傾向が弱い人ほど被説得性が高いことが示された。これは，不安傾向の強い人は，説得に対して防衛的になっているため，結果として被説得性が高まらないからだと考えられている。

3）説得への抵抗

　あなたは試験前に自宅でテレビを見ながら「そろそろ勉強しなくちゃ」と内心思っている。ところが，そこに母親がやってきて，頭ごなしに「いつまでダラダラしているの！　いい加減に勉強くらいしたらどうなの！」と怒られて，「勉強しよう」という気持ちがすっかり失せ，「人がせっかくやる気だったのに。もういい，やらない！」と反発したことはないだろうか。これは母親の説得に抵抗を示しているのである。

　説得はいつも成功するとは限らない。せっかく説得を試みたつもりが，受け

手の思わぬ抵抗にあって，予想外の展開になることがある。説得されることによって，受け手が唱導方向とは逆の態度に変化をすることを「ブーメラン効果」という。ブーメランはもともとオーストラリア先住民が使っていた木製の「く」の字形をした，狩猟用飛び道具である。投げると回転しながら飛んで手元に戻ってくるところからこの名前がついている。

　人はある事柄について自身の立場で自由に選択できると考えている時に，他者からの説得的コミュニケーションによって，その態度や行動の自由が脅かされたり制限されたりすると心理的な反発が起き，自由を回復しようとする動機づけが喚起される。これをブレーム（Brehm, 1966）は「心理的リアクタンス理論」（theory of psychological reactance）と名づけた。

　心理的リアクタンスとは「個人が特定の自由を侵害された時に喚起される，自由回復を志向した動機状態」のことをいう。これによると，脅かされた自由を回復するために，受け手は唱導方向と逆の方向に態度変化させたり，唱導された立場から離れて行ってしまうといった形で，説得への抵抗が生じることとなる。要は反発して，強制されたことと反対のことや，禁止されたことをわざと実行するというのである。特に，「絶対に〜すべきだ」といった高圧的なメッセージによって圧力がかけられた場合が顕著である。例に出した母子の会話などがその典型例だろう。

4）説得のテクニック——要請技法

　先に述べたように，営業部員のみならず，私たちは日常生活のあらゆる場面で効果的な説得的コミュニケーションが必要となる。「交渉」（negotiation）といってもよいだろう。これからの社会人は商品を売る以前に自分自身を売って行かなければならない。その点からもネゴシエーション能力は不可欠だといえよう。

　いつも「正攻法」の説得が功を奏するとは限らない。むろん，承諾してもらいたいことを直接要請する方法（直接要請法）もあるが，ここでは，送り手のペースに巻き込み，受け手の承諾率を高めるための，断りにくい説得のテクニックについて紹介する。

2．人間関係の諸場面

a. **段階的要請法**（foot-in-the-door technique）　本来の頼み事をする前に，まず，相手が簡単に承諾してくれそうな「小さな要請」を出して，それを承諾・実行してもらう。その上で，本来の目的とする「大きな要請」を出すと，承諾率が上がる。

　戸別訪問の販売員は，まず何よりも各戸の玄関のドアを開けさせ，「片足」をドアの隙間から入れることが勝負だといわれる。ここから「フットインザドア」と呼ばれている。より小さな承諾をさせてから，目的とする要請に段階的に進むという方法は，街頭でよく行なわれているキャッチセールスのアンケートで用いられる。簡単なアンケートに答えたつもりが，気づくと高額な英会話教材やエステティックサロンのチケットに化けてしまうこともあるので注意が必要だ。

b. **譲歩的要請法**（door-in-the-face technique）　第1の方法と逆に，まず，とても引き受けられないような大きな頼み事をして，わざと相手にそれを断らせる。そのあとに譲歩するかたちで，本来の目的とする要請を行なうという方法である。互いに譲歩すべきだという社会規範があるため，一度，断った方はそれより小さな頼み事だと断りにくく，つい引き受けてしまうのである。

　訪問販売員が玄関先で拒絶が予想されるような大きい要請を行なうと，「結構です！」といって顔前でドアをピシャリと閉められることが多いため，「ドアインザフェイス」（顔面へのドア）と呼ぶ。休みもないような忙しいアルバイト先でどうしても半日休みたいとき，「1日休ませてください」といえば，当然「ノー」といわれるだろう。「じゃあ，せめて半日だけでも…」「それならまあ，仕方がないか」となるわけである。

c. **承諾先取り要請法**（low-ball technique）　最初に商品の価格を事実よりも低く設定したり，魅力的な特典を付けておいて，とにかく相手にその商品を購入する承諾をさせる。その後，何らかの理由をつけて，価格を釣り上げたり，特典を取り除くなど，その好条件を撤回しても，承諾が取り消されることは少ないという。

まず相手の手の届く高さに低いボール（ローボール）を投げて受け取らせ，その後に高いボールを投げるのである。欲しいバッグが30％引きで買えると知ってチラシを手にして店に駆け込んだ客が，そのバッグを注文した後，店員から「すみません。30％引きは先着10名様まででして，15％引きでしたら…」と言われると，つい買ってしまうのではないだろうか。

その他，説得を成功させるために，次のような努力がなされている。

- まず，売り手が「聞き手」にまわり，相手の不安を徹底的に解消し，納得してもらう。
- 医師や大学教授など，その商品の威光を大きくする専門家の権威をつかい，信憑性を高める。
- 「限定商品」「先着順」などといった表現を用い，希少価値で，他の人は持てないという，相手の優越感をくすぐる。
- 「持っていない方がヘンだ」「流行に乗り遅れてしまう」という，「人並み」でいたいという心理に訴える。

3．人間関係の改善

（1）対人コミュニケーション

人間関係は「相互的」なものである。コミュニケーションはワンウェイでは成り立たない。相手に投げたものが返ってきてはじめて成り立つものである。communication の語源は，ラテン語の communis（共通の）と communicatus（他人と交換し合う）に由来する。他者と相互に情報・意思・感情を交換し合い，お互いの共有の幅を広げて行くことこそが，深い人間関係づくりにつながると考えられる。

ちなみに，人との「関係（かかわり）」のことを relation というが，これはラテン語の relatio を語源とする。"re" は「再び」を意味する接頭語で，"latio" は「運び，もたらすこと」を意味する。自分の考えや感情を伝えたり，また伝

え返されたりすることで，私たちの「かかわり」は深まって行く。次に述べる率直な自己開示と，相手の立場に立って相手と共に考えていく姿勢の積み重ねこそが，お互いの信頼感を高め，よりよい人間関係づくりの方策となるのである。

(2) 対人関係を深める

対人関係を深め，良好な人間関係を構築するためには，自己と他者との相互作用が必要であることは，すでに述べた。ここでは特に，その関係を深めるのに不可欠なものについて挙げておきたい。それは「自己開示」(self-disclosure)である。自己開示とは，特定の他者に対して自分に関する情報を伝達する行為のことをいう。自己開示の少ない人は，他者から「何を考えているか分からない人」という印象をもたれやすく，人との交流を深めづらい。自分をオープンにすることで，他者からもさまざまなフィードバックが返され，他者に理解されるだけでなく自己理解も深めることができる。

この自己開示と対人関係の関連性を理解するうえで重要な考え方に，ジョセフ・ルフトとハリー・インガム（Joseph Luft & Harry Ingham, 1963）が提唱

	自分が知っている自分	自分が知らない自分
他人が知っている自分	開いた窓 (open)	気づかない窓 (blind)
他人が知らない自分	秘密の窓 (hidden)	未知の窓 (unknown)

＜ジョハリの窓＞　　　　＜自己開示とフィードバック＞

3-1図 ジョハリの窓と自己開示（Luft, 1970）

した「ジョハリの窓」(The Johari Window) が挙げられる。「ジョハリの窓」は図に示すように，私たちの心を4つの窓（領域）に分けて考える。4つの窓は，それぞれ「自分が知っている自分」「自分が知らない自分」「他人が知っている自分」「他人が知らない自分」を組み合わせてできる。

a. **開いた窓**（open） 自他ともにオープンな領域である。自分も相手もお互いによく知っている自分であり，その情報は共有されている。したがって，ここでの自分は相手に隠すものがなく，相手からも避けられる必要がないので，開放的でコミュニケーションが活発に行なわれる領域だといえる。

b. **秘密の窓**（hidden） 自分では知っているが，相手には隠していて，知らせない自分である。ここには，他者に知られたくないために意図的に「隠している自分」と，隠すつもりはないが，知らせる機会がないままになっている「隠れている自分」の2つがあり，プライベート（私的）な自分である。

c. **気づかない窓**（blind） 相手にはよく分かっているが，肝心の自分は気づいていない「自己盲点」の領域である。他者が知らせてくれない限り気づくことはないので，ヘタをすると「知らぬは自分ばかりなり」ということもあり得る。他者から指摘をしてもらえるような積極的な人間関係づくりと，指摘を受けた時，謙虚に耳を傾ける態度を持ち合わせることが必要である。

d. **未知の窓**（unknown） 自分も他人も分からない未知の領域である。ここには，無意識レベルの欲求や不安，抑圧された感情などが隠されているだけではなく，秘められた潜在的な能力も含まれている。

私たちは人との関わりの中で「自分」に気づく。ここで重要なのは，開放領域である開いた窓の面積を少しでも大きくし，未知の窓の面積を少なくすることである。そのためには，図の横軸と縦軸を動かすことが必要である。

まず，「自己開示」をして，相手と情報を共有することから始めるとよい。互いに情報を共有し合うことで，親密感や信頼感が育（はぐく）まれ，対人関係は進展して行く。自分の情報を相手に伝えると，ふつう，相手からは何らかのフィードバック（反応）が返ってくる。ここで「フィードバック」とは，自分について反応を返してもらうことで，自分が知らない自分について相手から知らせても

らう伝達行為をいう。気づかない窓の面積を減らすことによって，自己理解が深まるのである。

　異性であれ同性であれ，「関係」をより親密にかつ長続きをさせたいと思ったら，相手にありのままの自分を率直に表現することである。そのためにも，ぜひ無理のない範囲で自己開示をする勇気をもってほしい。

4章 人間関係とコミュニケーション

1. 序

　社会や社会システムにおいて進行しているコミュニケーションはさまざまである。

　個人間コミュニケーション（インターパーソナル・コミュニケーション），小集団コミュニケーション，異文化間コミュニケーション，マス・コミュニケーションなどである。

　しかし，送り手と受け手の特性に着目した時，コミュニケーションはマス・コミュニケーションと個人間コミュニケーションに大きく分けることができるであろう。

　そして，コミュニケーションと人間関係について考える時，人間関係と密接に関わりあっているコミュニケーションは個人間コミュニケーションであるといってよいであろう。

　人間関係と，人と人とのコミュニケーション，すなわち個人間コミュニケーションとは，相互に密接に関連している。どのような個人間コミュニケーションが行なわれるのかということが，人間関係のあり方に影響を与える。人間関係の形成，維持，発展，そして関係のあり方にとって，個人間コミュニケーションはきわめて重要な役割を果たすのである。

　どのような個人間コミュニケーションが人々の間で行なわれるかが人間関係を発展させたり，弱化させていくのである。

　本章では，人間関係に密接に関連している個人間コミュニケーションについて考察を行ない，人間関係の展開のために，いかに個人間コミュニケーション

を行なっていくかを考える上での有効な示唆を示していきたい。

人間関係は，一方で，個人間コミュニケーションのあり方にも影響を与えている。すなわち，人間関係は，個人間コミュニケーションがそれを通して行なわれるチャネル，もしくはコミュニケーション・ネットワークなのである。

人間関係は，個人間コミュニケーションにおけるチャネルとしての機能をもっているのである。人がいかなる人間関係を他の人々との間でもっているかによって，その人の個人間コミュニケーションのあり方は影響されるのである。

どのような人との間で個人間コミュニケーションが行なわれ，どのような情報が個人間コミュニケーションによって得られるのかが，それによって異なってくる。

本章では，この側面における人間関係とコミュニケーションについても論じていきたい。

2．個人間コミュニケーションについての基本的理解

（1）個人間コミュニケーションの類型

人と人とのコミュニケーション，すなわち個人間コミュニケーションは，少なくとも2つの仕方で分類することができるであろう。

第1の分類は，コミュニケーションに関するリニア・モデル（linear model of communication）によって表わされているリニア型コミュニケーションなのか，ロジャーズとキンケイド（Rogers & Kincaid, 1981）によって示されているコミュニケーションの収斂モデルによって表わされている収斂型コミュニケーションなのかという分類である。

リニア型コミュニケーションは，デヴィトー（Devito, 1986）が述べているように，コミュニケーションは送り手から始まり，受け手の反応で終わるものである。

このコミュニケーションは，送るべき観念（たとえば，知識，事実，気持ち，意図など）を形成している送り手（source）と，その観念が伝えられる受け手（receiver）が存在し，その観念をめぐるコミュニケーションが，送り手から受け手に対して一方向的に行なわれるものであるといってよいであろう。

送り手が，ある受け手に，ある知識やある出来事について知らせたいと思ったり，ある気持ちを伝えたいと思ったり，また受け手にある行動を起こさせたいと思った時に，典型的に行なわれるコミュニケーションである。

一方，収斂型コミュニケーションは，ロジャーズとキンケイド（Rogers & Kincaid, 1981）によって，次のように定義されている。すなわち，コミュニケーションは，共通の理解に到達するために，コミュニケーション参加者がお互いに情報を創り，共有する過程であるとされているものである。

ロジャーズとキンケイド（Rogers & Kincaid, 1981）に従うならば，収斂型コミュニケーションは，リニア型コミュニケーションとは異なり，送り手，受け手がいるのではなく，送り手および受け手の役割を果たすコミュニケーション参加者がいるのである。そして，この参加者間の情報の交換のサイクルによって，共通の理解や一致した了解に到達するというものである。

すなわち，この過程は，参加者Aが情報を創り出し，送り手としてBに送り，参加者Bは受け手として，この情報を受け取り，解釈し，それに基づいて情報を創造しAに送る，そしてAは受け手として受け取り，解釈し，それに基づいて情報を創造し，送り手としてBに送る，そして，また……というように進行していく。そして，この過程は満足すべき水準における共通の理解に到達した時，終了するとされている。

第2の分類は，個人間コミュニケーションが対面的（face-to-face）なものなのか，メディア（媒体）が介在しているものなのかというものである。

対面的な個人間コミュニケーションは，人と人とのコミュニケーションが，メディアが介在しない対面的場面で行なわれるコミュニケーションである。

この個人間コミュニケーションは，人間の5つの感覚器官において，刺激として機能するすべてのものがコミュニケーションのメッセージを構成する記号

として用いることが可能である。視覚，聴覚，味覚，嗅覚，触覚の5つの感覚器官において感じることができるものが記号として用いることが可能なコミュニケーションなのである。

すなわち，文字，図，身ぶり，姿，表情，衣服，話し言葉，音楽，食べ物（味），香り，身体的接触などがメッセージを構成する記号として用いられる可能性をもっている。

メディア（媒体）が，コミュニケーションを行なっている人と人との間に介在しているコミュニケーションでは，個人間コミュニケーションはメディアを通して行なわれる。手紙，電話，携帯電話，パソコンなどが，コミュニケーションを行なっている人と人との間に介在している個人間コミュニケーションなのである。携帯電話やパソコンによる個人間コミュニケーションは，今日，活発に行なわれている。

このコミュニケーションは，空間的距離を越えて個人間コミュニケーションを行なうことができるものである。そして，この個人間コミュニケーションの1つであるパソコン通信などにおいては，金官圭（1996）が示しているように，お互いに知らない匿名的な人と人との間でも，個人間コミュニケーションが行なわれているのである。

（2） 個人間コミュニケーションの基本的認識

人間関係にとって，きわめて重要な個人間コミュニケーションを十分に理解するためには，コミュニケーションについての適切な認識をもつことが必要である。コミュニケーションはどのようなものであるかということを適切に，そして，しっかりと踏まえなければならないであろう。

リニア型コミュニケーションに焦点をおいて，コミュニケーションをどのようなものとして考えることが必要であり適切であるかを見ていきたい。それはリニア型コミュニケーションが人間関係の問題を考える上できわめて重要であり，また収斂型コミュニケーションの双方向的，サイクル的コミュニケーション過程を構成する情報の発信と受信・解釈のセットの1つ1つはリニア型コ

ミュニケーションであるからである。

　コミュニケーションとはどのようなものであるかについて，いろいろな見方があるといってよいであろうが，マクロスキー，ラーソンとナップ（McCroskey, Larson & Knapp, 1971）に従えば，それらは2つの次元上の差異として見ることができるようである。

　第1の次元は，コミュニケーションをメッセージの伝達や授受のプロセスとして見るか，それとも，メッセージが人々に与える効果のプロセスとして見るかということである。コミュニケーションをメッセージ伝達のプロセスとして見る立場にとって重要なことは，送り手から受け手にメッセージが間違いなく，そして変形せずに到達するかどうかということである。

　これに対して，コミュニケーションをメッセージが人々に効果を与えるプロセスとしてとらえる立場は，単なるメッセージの伝達ではなく，その伝達されたメッセージが人々に対してどのような意味や効果があったかに関心をもつのである。メッセージがゆがみなく到達したかどうかだけではなく，到達したメッセージが，人々にどのような意味をもたらしたかが重要なのである。

　さて，このように整理された第1の次元におけるコミュニケーションについての2つの見方のうち，いずれのとらえ方が，より適切なのであろうか。

　前者の場合，すなわち，コミュニケーションをメッセージ伝達のプロセスとしてとらえ，メッセージのゆがみなき伝達に重大な関心を払う見方は，多くの人々によってもたれているコミュニケーションについての考え方であるかもしれない。しかし，この立場は，ある意味で，きわめて楽観的なコミュニケーション観に立脚しているということができる。

　コミュニケーションをメッセージ伝達のプロセスとしてとらえ，メッセージのゆがみなき伝達に関心をもつということは，メッセージの正確な伝達さえ行なわれれば，コミュニケーションはうまく行なわれるという考えをその背後にもっているということではなかろうか。コミュニケーションの成否は，ゆがみなきメッセージ伝達が行なわれるかどうかに依存しているということである。話をし，相手もよく聞いてくれたから，当然わかってくれたはずだという考え

2. 個人間コミュニケーションについての基本的理解

方である。メッセージが正確に伝わりさえすれば，伝えたいことや気持ちが理解されるというものである。しかしこの考え方は，コミュニケーションについてあまりに楽観的である。メッセージが正確に伝達されさえすれば，伝えたいことが受け手に理解されるのであろうか。

　メッセージがゆがみなく，正確に伝わりさえすれば，送り手の意図が受け手に伝わるということが行なわれるためには，メッセージがどんな送り手や受け手に対しても，常に同じ意味をもっていなければならない。そのためには，メッセージが人々に対して，どのような意味をもつのかは，他の諸要因には影響されず，メッセージそれ自体のあり方によってのみ，決定されるものでなければならない。すなわち，それぞれのメッセージは，そのメッセージを用いてコミュニケーションを行なっている送り手や受け手が，どんな人であろうとも，そのことに左右されない固有の意味をもっていなければならない。

　しかし，メッセージはそれ自体が意味をもっているのではない。メッセージが，人々に対してどのような意味をもつのかは，人々がそのメッセージをどう解釈するのか，どう意味づけをするのかということによって決まるのである。まさに，アンダーセン（Andersen, 1972）が述べているように，意味はメッセージの中にあるのではなく，人々の心のうちにある。そして，人々のメッセージ解釈は，それぞれの立場（経験，価値観，態度，知識，社会化のあり方，準拠集団など）などから行なわれるものであるから，同一のメッセージに対する解釈や意味づけが，人々によって異なるという可能性を，常にもっているのである。

　もちろん，メッセージが人々（送り手と受け手）の間で，同じように解釈されたり，意味づけが行なわれるようにするためのいろいろな努力，たとえば，言語教育や辞典のようなメッセージ解釈のあり方を標準化するための努力が行なわれている。しかし，それらの努力だけでは，基本的に解釈の同一性を作り上げる上で十分なものではないし，完全な同一性をもたらしてはいない。

　したがって，メッセージが正確に伝わりさえすれば，送り手の気持ちが受け手に理解されるという考えは成り立たない。メッセージの正確な伝達が，ただ

ちに，送り手が伝えたいと思ったことや意味の伝達を意味してはいない。送り手の伝えたい意味が受け手に伝わったかどうかは，メッセージが正確に伝達されたかどうかによってではなく，受け手がそのメッセージをどう解釈し，意味づけを行なったかによって決まるのである。

意味の伝達を問題にする時，メッセージが受け手に正確に伝わったかどうかを見るだけでは不十分であり，むしろ，そのメッセージが受け手によって，どう解釈されたかを見なければならない。まさに前者の考え方では不十分なのである。後者の考え方でコミュニケーションをとらえなければならない。

ところで，コミュニケーション問題は，意味の伝達の問題に限定されるものではない。受け手に伝達され解釈されたメッセージが，受け手の信念，態度，行動に対してどのような影響や効果をもったかが，コミュニケーションにおいて重要な問題である。明らかに，前者の立場は，この問題に対する視野をもっていない。この意味でも，後者のとらえ方をしなければならないのである。

第2の次元は，コミュニケーションを意図的ないしは目的的な側面においてのみでとらえるのか，それとも，無意図的，偶発的コミュニケーションをも含めてとらえるかということである。

前者の意図的，目的的コミュニケーションとは，そのコミュニケーションが送り手のある目的や意図から行なわれているコミュニケーションである。送り手は，自身が行なっているコミュニケーション行動に気がついている。彼もしくは彼女は，ある目的のために，あるメッセージを，ある受け手に対して意識しながら送り出している。

これに対して，無意図的，偶発的コミュニケーションは，送り手自身がメッセージを送り出していること，そして，そのメッセージがある受け手に到達し，その受け手にある意味や効果をもったことに気がついていないものである。たまたま，コミュニケーションが行なわれてしまったというものである。

しかし，いずれのコミュニケーションにおいても，マクロスキー，ラーソンとナップ（McCroskey, Larson ＆ Knapp, 1971）が述べているように，送り手が発信したメッセージが受け手に到達し，それが，受け手にある意味をもたら

した結果として，コミュニケーションが成立するのである。

　この2つのタイプのコミュニケーションの違いは，前者は少なくとも，ある目的から受け手に対してメッセージを送り出していることに気がついているのに対して，後者は，送り手が意図しなかったにもかかわらず，コミュニケーションが成立してしまったということである。いうまでもなく，無意図的，偶発的コミュニケーションにおいても，送り手はメッセージを送り出している。

　しかし，その送り行動は，意識された目的や意図から行なわれたものではないし，メッセージを送り出していることに気がついていない。気がついていないメッセージの送り行動によって，人々にある意味をもたらしているのである。

　この第2の次元に関して，どちらのコミュニケーションについての考え方をもつことが適切なのであろうか。

　コミュニケーション行動の中で，意図的なコミュニケーションが重要な位置を占めていることはいうまでもない。したがって，コミュニケーションを意図的，目的的コミュニケーションの側面においてとらえることは意義がある。しかし，無意図的，偶発的なコミュニケーションを無視することができない。人間関係における誤解，対立などの原因は，しばしば，この無意図的，偶発的コミュニケーションによってもたらされている。したがって私たちは，意図的，目的的コミュニケーションだけではなく，無意図的，偶発的コミュニケーションも含めてコミュニケーションをとらえることが必要なのである。

（3）　アンダーセン（Andersen）モデル

　すでに見てきたように，個人間コミュニケーションの基本的認識として，コミュニケーションを単なるメッセージの伝達としてではなく，受け手に伝達されたメッセージが，受け手にもたらしている効果の過程として認識しなければならない。そして，目的的，意図的コミュニケーションだけではなく，偶発的，無意図的コミュニケーションをも含めて，コミュニケーションを考えなければならないのである。

多くのコミュニケーション・モデルが展開されているが，その中にあって，このようなコミュニケーションについての考え方に立って，コミュニケーションをとらえているのが，アンダーセン（Andersen, 1972）によって提出されているモデルである。このモデルについて検討してみよう。彼は，まずコミュニケーションを次のように定義している。コミュニケーションとは，人が意識的，もしくは無意識的に，象徴的に用いた素材を通して，他人の認知に影響を与える動的プロセスである。

この定義における動的プロセスとは，コミュニケーション・プロセスにおいて，それを構成するある1つの要素が決定的な意味をもつことはなく，むしろ，いくつかの要素がからみあい，相互作用をしているということを意味している。

意識的，もしくは，無意識的にとは，送り手がそのことを意識していても，また無意識にでも，実際に他人の認知に影響を与えているかぎり，そこにはコミュニケーションが成立しているという考えである。送り手は，気がついていないかもしれないが，無意識的に他人の認知に影響を与えていることもあるのである。彼も述べているように，多くの場合，コミュニケーションは送り手の視点から定義されている。この時，送り手が気がついているコミュニケーションだけがコミュニケーションということになってしまうのであるが，送り手が気がつかないうちに成立してしまっているコミュニケーションも存在している。

他人の認知に影響を与えることは，コミュニケーション成立の条件である。アンダーセンに従えば，認知（cognition）とは知ることである。したがって，受け手が送り手のメッセージに気がついていれば，そこにコミュニケーションの存在を見ることができる。

いうまでもなく，彼も述べているように，コミュニケーションの影響は認知に対するものだけではない。態度や行動に対する影響があることはいうまでもないことであるが，コミュニケーション成立の最低の条件は，認知に対する影響の存在である。したがって，送り手がメッセージをいくら送り出していても，

それらが受け手の認知に影響を与えないかぎり，コミュニケーションは成立していないのである。

象徴的に用いた素材を通してとは，送り手が送ろうとした考えや気持ちそのものが受け手に到達するのではなく，受け手に到達するのは，象徴（シンボル）として用いられた素材（materials）なのであるということである。

象徴（シンボル）は，彼が述べているように，何ものかを表わすものである。知識，気持ち，主張，意図などを表わすものである。心に抱き，伝えたいと思っている知識，気持ち，主張，意図などは，そのままでは送り手から受け手へと伝達させることはできない。運搬可能な型にして，それらを受け手に送りこむ。すなわち，運搬可能な素材をシンボルとして使って，受け手に伝達するのである。もし，ある気持ちを伝えたいと思ったならば，その気持ちを受け手まで運搬するための適切なシンボルとして用いられる素材に変換しなければならない。そして，このシンボルとして用いられた素材を受けとった受け手は，逆にそれを意味（知識，気持ちなど）に変換するのである。

この変換のプロセスについて，このモデルは明示していないが，アドラーとタウニ（Adler & Towne, 1984）に従うまでもなく，前者の変換プロセスは記号化（encoding）といわれるものであり，後者は解読（decoding）といわれるものである。

この記号化と解読は，送り手と受け手のそれぞれの立場，経験，態度，価値観，知識などから行なわれる。したがって，シンボルとして用いられた素材やシンボルが同一であっても，それが表わしているもの，すなわち意味は，送り手と受け手とでは異なっている可能性がある。送り手と受け手との間で，直接運ばれているものは，シンボルとして用いられた素材で，送り手は，それに意味を託し，受け手はそれから意味を引き出すのである。

このようにアンダーセン（Andersen, 1972）は，コミュニケーションを定義した上で，以下のようなコミュニケーション・モデルを示している。

4-1図は，アンダーセン（Andersen, 1972）によって展開されたコミュニケーション・モデルである。このモデルは，6つの要素すなわち，①送り手，

②受け手，③メッセージ，④チャネル，⑤特定コミュニケーション場面状況と一般的環境，⑥コミュニケーション成立の文脈，から構成されている。これらのうち，本章の議論に直接関係ある最初の4要素について，基本的には，彼に従いながら，検討していこう。

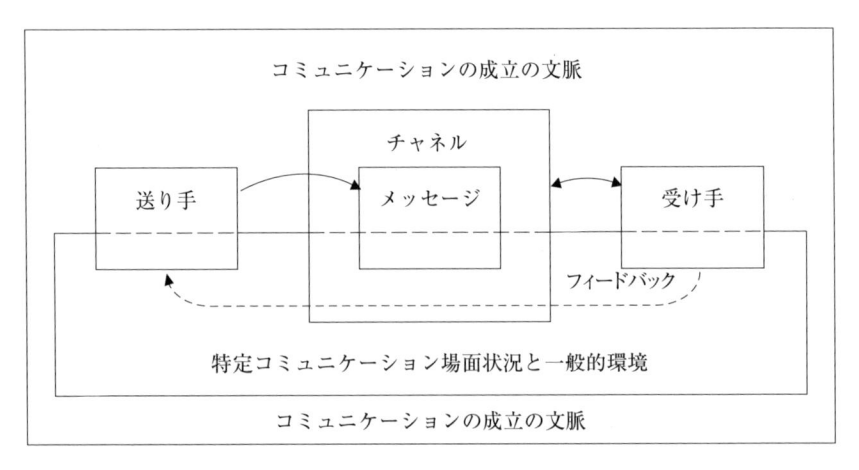

4-1図　Kenneth E. Andersen のモデル
(出典：Kenneth E. Andersen, *An Introduction to Communication Theory and Practice*, Cummings Publishing Company, Inc., 1972. p.9.)

1）送り手（source）

　送り手は，メッセージをチャネルに置く存在であるとされる。このような送り手のとらえ方は，送り手というものはメッセージを受け手に送り込む存在であるという，しばしば見られる考え方と大きく異なっている。

　送り手はメッセージを受け手に送り込む存在であるという考え方は，コミュニケーション過程における送り手の力を過大評価しているものである。受け手にメッセージを送りこみ，そして，ある意味や効果をもたらしたいと思ったとしても，送り手が行なっていることはメッセージをチャネルに置くことなのである。送り手がそのような目標を達成したいと思った時，送り手ができることは，伝えたいと思っていることを，受け手によってそのとおりに理解されがち

なメッセージに記号化したり，目標としている受け手にメッセージが到着しやすいチャネルを選択し，そこにメッセージを置くことなどである。しかし，これが目標とする受け手に到着し，意図したようにメッセージが理解されるかどうかは受け手によって決定されるのである。送り手はメッセージを送っても，それが受け手に送りこまれるとは限らない。送り手には，それを決定する力がないのである。

2) 受け手 (receiver)

受け手は，チャネルにあるメッセージを知覚し，そして，それを抜きとり，意味を与える存在とされる。

アンダーセンも述べているように，コミュニケーション過程にあって，受け手は受身的なものとしてとらえられがちであるが，そうではないのである。もっと積極的で主体的な存在である。客観的に言って，人々は数多くのチャネルに置かれた数多くのメッセージに囲まれているのである。

しかし，これらすべてのメッセージを，人々は自動的に知覚したり，気がつくものではない。

そのうちのあるメッセージを選択的に知覚したり，注目するのである。この選択行動は，いうまでもなく，その人がもっている関心，知識，価値観，経験などから構成されている選択のメカニズムに従って行なわれるものである。この選択メカニズムに従って，数多くのメッセージの中から，あるメッセージを選択的に注目（知覚）したとすると，その人は，そのメッセージの受け手としての役割をもつことになり，そして，そのメッセージをチャネルに置いた人に，送り手としての役割を付与し，コミュニケーションを成立させるのである。

送り手が，コミュニケーションを成立させる最終的な力をもっているのではない。受け手が，ある人を送り手として定義するのである。したがって，ある人が意図しないでチャネルに置いてしまったメッセージが，誰かによって注目され，チャネルから抜きとられたならば，気がつかないまま，その人を送り手とするコミュニケーションが成立する。受け手は，コミュニケーション成立の最終的決定権をもっているのである。

このように，受け手はチャネルにあるすべてのメッセージに注目したり，知覚するのではなく，選択的に注目するのであるが，注目し，知覚したメッセージに対する受け手の反応も多様なのである。そのメッセージにどのような意味を付与するか，どう理解するか，それを受け入れ，どのように態度や行動を変えるのかは，基本的には受け手自身によって決定されるのである。

3）メッセージ（message）

メッセージは，送り手がチャネルに置いた物的刺激であるとされる。メッセージは，送り手が伝えたいと思っているそのものではない。このようなメッセージについての見方は，アンダーセンも述べているように，いささか，なじみのないものかもしれないが，メッセージは，伝えたいことや意味をそれに託したチャネルに存在する物的素材や刺激なのである。これは，意味はメッセージのうちにあるのではなく，人のうちにあるという考えを強調するものである。

送り手からすると，メッセージは，彼が伝えようとしていることを記号化したものであり，受け手からすると，彼の仕方で意味を付与すべき物的素材や刺激なのである。メッセージは象徴的に用いられた素材であるから，言語にかぎらず，いろいろなものがメッセージになりうるのである。表情，身ぶり，衣服，音，さらに，行なっていることのすべて，行なっていないことのすべてさえ，メッセージになりうるのである。

4）チャネル（channel）

チャネルは，受け手の感覚器官に通じる媒体とされる。受け手がもっている5つの感覚器官に通じる媒体がコミュニケーション・チャネルとして用いることができる。具体的にいうならば，チャネルは，対面的な個人間コミュニケーション・チャネル，電話，テレビ，ラジオ，新聞，パソコンなどであるが，これらのチャネルそれぞれは，人間のどの感覚器官へ通じる力をもっているかということで特徴づけられるものである。

そして，どの感覚器官への通じる力をもっている媒体であるかということによって，運ぶことのできるメッセージの種類が決まってくるのである。たとえ

ば、ラジオは一般的には聴覚に通じる力しかもっていないので、音声メッセージしか運搬できないことになる。このようにチャネルによって、用いることのできる記号が規定されるのである。

このように、アンダーセン（Andersen, 1972）は、彼のコミュニケーションについての定義と諸構成要素からなるモデルを示している。このモデルによって、送り手の力を過大評価する考え方を修正する必要性を提起し、受け手を積極的で主体的なものとして位置づけている。またメッセージに意味が存在するのではなく、人間の側に意味が存在していることを明らかにしている。同じメッセージであっても多様な意味づけが行なわれる可能性を明らかにしており、また、無意図的コミュニケーションが成立することを説明している。

このモデルによって思わぬ誤解や対立、そして、さまざまなコミュニケーションの障害をもたらすメカニズムを明らかにし、人間関係とコミュニケーションについて考える上でのさまざまな示唆を与えてくれているといってよいであろう。

3. 送り手の側面

人間関係の維持、発展などと個人間コミュニケーションは密接に関連しているものであるが、人間関係との関わりにおいて、個人間コミュニケーションにおける送り手行動の側面について見てみよう。

個人間コミュニケーションにおける送り手はどのような存在であるのか、また、コミュニケーション過程を構成するその他の要素それぞれがどのようなものであるのか、そしてコミュニケーションを基本的にどうとらえるのかについて、すでに示してきたので、送り手行動においてどのようなことに留意すべきであるかは明らかになってきているであろう。しかし、さらに検討していきたい。

送り手は、メッセージにチャネルを置く存在である。しばしば、考えられているような送り手はメッセージを受け手に送りこむ存在ではないのである。

メッセージが受け手に送りこまれるかどうかは，受け手によって決定されるのである。

送り手がチャネルに置いたメッセージは受け手によって選択され，受けとられて，はじめてコミュニケーションが成立する。

送り手は，受け手との間で個人間コミュニケーションを成立させ，そのコミュニケーションによって種々のコミュニケーション目標（たとえば，説得したり，自分の考えを知ってもらうなど）を達成するためには努力と工夫が必要なのである。

まず第1に，受け手との間で，コミュニケーションを成立させなければならない。

単にメッセージを発信するだけ，すなわち，チャネルにメッセージを置くだけではコミュニケーションは成立しないのである。受け手によってそのメッセージが選択され，受けとられなければならないのである。

そのために，送り手は受け手に対してよりよき送り手イメージを形成していることが重要である。

受け手のメッセージの選択行動にとって重要な要因の1つが，送り手イメージであるといってよいであろう。

また，この送り手イメージはコミュニケーションの効果にも関わりあっている要因である。

送り手イメージの中できわめて重要なイメージは，ホブランドとウェイス（Hovland & Weiss, 1951）が示している信憑性（credibility）であろう。

また，バーロー，レマート，マーツ（Berlo, Lemert & Mertz, 1970）は，送り手を評価する次元として，大きく3つの次元があることを明らかにしている。

第1の次元は，安全（safety）の次元である。これは公正である，正直であるといった側面である。第2の次元は，能力（qualification）で，専門的能力，経験，知識をもっているなどの側面である。第3の次元は，ダイナミズム（dynamism）であり，活動的であるとか力強いといった側面である。送り手は，

少なくともこれらのイメージ項目において，よりよきイメージを形成していることが必要であるといってよいであろう。

　第2に，受け手の記号化と解読の仕方についての知識や理解をもって，記号化し，メッセージを作り上げなければならないことである。

　受け手に伝えたいと思っていることを送り手は記号化し，物的素材からなるメッセージを作り発信していくのであるが，そのメッセージによって，送り手が伝えたいと思っていることが受け手に伝わるかどうかは，受け手がそのメッセージをどう意味づけるかによるのである。

　受け手の記号化と解読の仕方，すなわち，記号と意味の結び付け方がどのようなものであるかによって，受け手に伝わる内容が異なってくる。

　送り手は，受け手の記号と意味の結びつきがどのようなものであるかを十分に理解した上で記号化し，メッセージを作り上げなければ，伝えたいと思っている内容を適切に伝えることができない。

　なお，このメッセージに関して，アドラーとタウニ（Adler & Towne, 1984）は，関係を促進するメッセージや関係を損なうメッセージについて示している。彼らは，関係が促進されたり，逆に損なわれるかは，他の人々をどの程度，大切な人として思っているかによって規定されるとしている。そして，相手を評価している，気にかけている，尊重している，ことを表わしているメッセージが関係を促進し，それらが欠けていることを表現しているメッセージが関係を損なうとしているのである。彼らによれば，前者の具体的な例は，相手の存在を認めているメッセージ，すなわち，会った時のあいさつや相手の感情に理解を示すメッセージであり，後者の例として，相手の話しをさえぎったり，話しの腰を折ったりするということを挙げている。このことは，お互いの関係を損なうメッセージの発信であるとしているのである。

4．受け手の側面

　受け手は，すでに見てきたように，主体的で積極的な存在であり，コミュニケーション成立の決定は受け手によって行なわれる。

　受け手は，多くのメッセージの中からあるメッセージを選択し，そのメッセージを発信した人を送り手とするのである。

　このことは，人間関係の促進や発展にとって，大きな関わり合いをもっている。ある人を送り手として選択し，ある人を送り手として選択しないことは，それらの人々との人間関係のあり方に影響を与えていく。ある人が発信したメッセージを無視するのか，尊重するのかが人間関係の促進や弱体化と関連しているのである。

　人間関係との関わりにおける個人間コミュニケーションの受け手行動において留意すべき第2の点は，フィードバック情報のための受け手行動の問題である。

　人間関係のために行なわれた個人間コミュニケーションにおける送り手行動が，受け手に対してどのような意味や効果をもたらしたかということに関する情報を，すなわち，フィードバック情報を，受け手行動を通して獲得しなければならないということである。

　記号化の仕方が適切であったか，メッセージがどのような効果を人に与えたのか，無意図的，偶発的コミュニケーションが成立し，ある効果を与えていないかを，受け手行動を通して知らなければならない。

　それらによって，送り手行動を修正していかなければならないのである。

　一般的に言って，個人間コミュニケーションはフィードバック情報が獲得しやすいコミュニケーションであるが，フィードバック情報を，受け手行動を通して得なければならないのである。

5. コミュニケーション・チャネルとしての人間関係

個人間コミュニケーションが人間関係のあり方に影響を与えているが，一方で，人間関係が個人間コミュニケーションのあり方に影響を与えている。

人間関係は個人間コミュニケーションが，それを通して行なわれるコミュニケーション・チャネルやコミュニケーション・ネットワークなのである。

このことは，すでにカッツとラザースフェルド（Katz & Lazarsfeld, 1955）が指摘していることであるが，人と人とのコミュニケーションにおいて，人間関係は，コミュニケーション・チャネルやコミュニケーション・ネットワークとして機能しているのである。

たとえば，このことをニュースの普及において見てみよう。

新聞，テレビなどのマス・メディアから，毎日，多くのニュースが送り出されている。このニュース情報によって，人々は世界および日本におけるさまざまな出来事を知るのである。ニュースは基本的に環境監視機能を果たしているのである。ニュースによって，人々はさまざまな出来事を知り，それによって適切な行動をとることができるのである。このニュースの人々への普及は，マス・メディアからの直接的流れと，マス・メディアなどを通してニュースを知った人からの個人間コミュニケーションによって他の人々に流れていくという2つのコミュニケーション過程を通して行なわれる。

この2つのコミュニケーション過程の相対的割合，すなわち，人々が最初にニュースを知る時，この2つのコミュニケーション過程それぞれによって知る人の割合は，ニュースの種類によって異なっている。

一般的に，人々がニュースを最初に知る時の情報源に占める個人間コミュニケーションの割合は，青池慎一（2002）が示しているように，ニュースのニュース・バリューが大きいほど，個人間コミュニケーションによって知る人の割合は高くなる。きわめてニュース・バリューの大きいニュースの場合，情報源に占める個人間コミュニケーションの割合はきわめて高いものとなり，マス・メ

ディアから直接知る人の割合を上回るのである。

　ニュース・バリューとは，まさにニュースの情報としての価値である。人々や社会にとって重大なニュースがニュース・バリューの大きいニュースであるといってよいであろう。

　ニュース普及において，特にニュース・バリューの大きいニュースの場合，個人間コミュニケーションは重要な役割を果たしている。

　個人間コミュニケーションは，ニュース普及においてマス・メディアやマス・コミュニケーションを補って，ニュースを人々に普及させているのである。

　マス・メディアやマス・コミュニケーションは情報の普及においては限界があるが，個人間コミュニケーションはその限界を補っているのである。

　このように個人間コミュニケーションは人々にニュースを伝え，人々はそれによって，社会におけるさまざまな出来事を知るのである。

　このように，ニュースの普及において重要な役割を果たしている個人間コミュニケーションは，どのような人と人との間で行なわれているのであろうか。

　ニュースを最初に知る時の情報源における個人間コミュニケーションの側面と，ニュースをどんな人に話しているかという発信行動の側面において見てみよう。

　まず，どんな人からの個人間コミュニケーションによってニュースを最初に知ったかを見てみると，基本的に，友だち，家族などといった第一次的人間関係（primary relation）にある人々からの個人間コミュニケーションによって知っているのである。

　このことはラーセンとヒル（Larsen & Hill, 1954），ハロルドセンとハーベイ（Haroldsen & Harvey, 1979），ガンツ，クレンドルとロバートソン（Gantz, Krendl & Robertson, 1986）などの研究によって示されている。

　次に，発信行動の側面について見てみると，同様に，第一次的人間関係にある人々に対してニュースについて話している。このことはガンツ（Gantz,

1983)の研究などが示している。

　このようにニュースをめぐる個人間コミュニケーションは，基本的に第一次的人間関係にある人々の間で行なわれている。

　すなわち，人間関係がニュース情報をめぐる個人間コミュニケーションのチャネルやネットワークなのである。例外はあるが，個人間コミュニケーションを通してのニュースの流れは，第一次的人間関係というネットワークを通して行なわれているのである。

　人間関係に基づくコミュニケーション・チャネルやネットワークで他の人々と結びついていない人々には，ニュース情報は，個人間コミュニケーションを通しては流れていかないのである。

　このことはニュース情報に限られた現象ではない。たとえば，ウェイマン（Weimann, 1994）を待つまでもなく，製品などについての情報は，第一次的人間関係というネットワークを通して，消費者の間に流れているのである。

　このように，人間関係が個人間コミュニケーションのチャネルやコミュニケーション・ネットワークとして機能しており，そしてこのことは，これまで見てきたように，第一次的人間関係においてだけではなく，公式的地位や役割間の関係においてもいうことができるのである。したがって，いかなる人間関係をもっているかということが，誰と個人間コミュニケーションが行なわれるかということと密接に関連しているのである。

　したがって，どのような人間関係をもっているかが，個人間コミュニケーションを通して入手する情報の種類，質，量と大きく関連している。

　さらに，第一次的人間関係についていうならば，第一次的人間関係というコミュニケーション・ネットワークを通して，人々のさまざまな意思決定に関わる評価情報，（ある事柄，製品，行動様式などについての評価が示されている情報）をめぐる個人間コミュニケーションが行なわれているのである。

　そして，この評価情報によって，人々はしばしば影響され，たとえば，ある製品の購買意思決定が行なわれているのである。ちなみに，このような第一次的人間関係というコミュニケーション・ネットワークを通して行なわれるイン

フォーマルな個人間コミュニケーションによって，人が他の人に影響を与えるというコミュニケーション過程は，オピニオン・リーダーや対人的影響（personal influence）ということで概念化されたり，理論化されている。

　いささか単純化した表現をするならば，第一次的人間関係というコミュニケーション・ネットワークは，人が他の人にインフォーマルに影響を与えるチャネルなのである。

　したがって，人がどのような人や人々と第一次的人間関係をもっているかということが，個人間コミュニケーションを通して，どのような評価情報がコミュニケートされ，そして影響が及んでくるかということと大きく関連しているのである。

5章 組織と人間関係

　人間関係は基本的には1対1の関係である。コミュニケーションもそうであるが，一人対複数，複数対複数の関係も一般的である。複数の人間が集まると集団と呼ばれる。集団には，単に集まっただけの集団と，ある目的をもって組織された集団とに分類できる。

　集団は，その性格がそれぞれ多種多様である。そしてその集団における人間関係も複雑・多岐にわたる。

　本章では，この組織と，組織の中の人間関係について，特に企業，職場における人間関係について実際の事例などからみていく。また，ヒューマンリレーションズ（人間関係論）の発生など，歴史的な視点からも考察していく。

1. 組織における人間関係

(1) 集団と組織

1) 集団について

　複数の人間の集まりを集団と呼ぶが，集団はその成員性（どの集団に属するか）から，およそ次の3つのタイプに分けられる。

a. **運命的な集団**　　自分の意思や力では変えることのできない運命的な集団　家族（○○家など）や民族（日本人など）など

b. **社会的強制による集団**　　社会的に自動的に参加させられ，ルールに従わなくてはならない集団。義務教育の小・中学校への入学や，地域の町内会など

c. **自発的・選択的集団**　　個人の意思と集団側の受け入れとで一員となる集

団。大学など義務教育以外の教育機関，企業や，種々のサークルなど，お互いの合意に基づく集団など

組織には目的がある。目的別には次の4つのタイプがあり，それぞれの集団には特徴があり，人間関係やコミュニケーションの仕方，集団の雰囲気なども異なる。

(1) **治療型の集団**……構成員に精神的満足を与えることを目的としている教会などの宗教団体や親睦団体など
(2) **合意型集団**……共通の目的について合意を成立させることを目標とする労働組合や民主的政治団体など
(3) **学習型集団**……学習や共同研究などを目的とする，学校や研究所など
(4) **行動型集団**……特定の外的目標を効果的に達成することを目的とする，企業や軍隊，官庁など

これらの集団には複合的な目的や性格をもつ場合があるが，ほとんどの集団が自発的・選択的集団である。

また，目的をもった集団はほとんどが組織化されている。

2）組織について

組織とは，複数の人間が共通の目標をもって統合された集団（協働体）であり，その組織には，目標を達成するための統制力が働き，協働的社会行為として分業による構造化が生まれる。

基本的な定義は，以上のように少々堅苦しい表現で示されているが，組織は，組織体の目標達成のために，各構成員が自分の職務を効果的かつ効率的に協力し遂行できる機構または構造である。また組織は，人間の協働的社会行為であり，二人以上の協働を必要とするものである。

バーナード（C. I. Barnard, 1886-1961）は，次の3要素を明確にもっている集団が組織である，としている。

a. **共通の目的**（common purpose）　企業でいえば，経営理念や経営哲学で，社是・社訓・ビジョンなどにより，経営者は経営理念，組織の目標を明確にする。

b. **協働意欲**（willingness to cooperate）　共同でもなく協同でもなく，協力して働くことである。そのための意欲はモチベーション（動機づけ）といい，仕事に対する報酬ややりがいなどやる気の源である。
c. **コミュニケーション**（communication）　相互の意思の伝達や情報の伝達など。言語や文書，機器などによる。

以上のことをさらに具体的に考えると次のようになる。
- 目的無しに協働は起こらない。組織の目的によって個人の行動も統合される。
- 組織の目的とメンバー個人の目的は区別される。が，メンバー各人は個人の目的を満たすために組織に参加するのであって，組織の目的に対して各個人が協働することで個人の目的も達成される可能性が高い。
- 環境の変化に対応していくために，組織の目的は常に変更されていく。
- メンバーが自発的に組織の目的を受け入れ，その達成のために協力しようとする意欲がなければ組織の活動は生まれてこない。
- 協働意欲の強度は個人によって差があり，一般的には組織単位が小さいほどメンバーの協働意欲は強くなる。

組織の目的と，協働意欲をもつ個人，この両者を結びつけるのがコミュニケーションで「目的や情報の正しい伝達」が必要である。

3）公式組織と非公式組織，官僚制モデル

組織は目的をもった人の集まりであり，人から成り，人のためにあるヒューマン・オーガニゼーションである。同時に，仕事のための組織，ワーク・オーガニゼーションでもある。

a. **公式組織と非公式組織**　趣味やスポーツ，出身地などで自然発生的に生まれる非公式集団と，目標達成のための公式集団とがあるが，組織にも公式組織と非公式組織がある。公式組織は，組織の3要素が明確な組織であり，非公式組織は3要素の明確でない人間関係の集団といえる。

次節で詳述するいわゆる「ホーソン実験」によって，組織の中の人間関係には，公式組織（formal organization）と非公式組織（informal organization）が存在することが明らかにされた。以下に，それぞれについて見ていくこととする。

- 非公式組織は公式組織の発生条件を創造する……公式組織のほとんどは，非公式な人間の結合関係から始まる。それが公式組織になることによって発展継続が可能になる。
- 非公式組織は一定の態度・慣習・制度・風俗などを確立する……人間関係はその集団独自の行動基準（きまり事，集団の掟のようなもの）をつくり出す。たとえば，その集団だけに通じる挨拶・用語・行為や，してはならないことなどで，その集団においてできた行動基準（掟）が公式組織の制度や規律と対立した場合は，できた掟の方が優勢である。このことは次節の「ホーソン実験」で具体的に記述する。組織の中でも，人間関係の影響がいかに大きいかが理解できる。
- 公式組織における非公式組織の機能……組織が大きくなると，その中には非公式なさまざまな人間関係のグループ（いわば非公式な組織）が存在し，仕事に関する情報交換や人的ネットワークによる調整が行なわれたりする。たとえば，上司や先輩にこれまでの会社の業績やこれから何を目指すべきかなどを聞くことによって貢献意欲が湧いたり，また，上下関係や規律の厳しい組織では，同期の友人や仲間が救いになったりするなどである。

このように，公式組織と非公式組織とは密接な関係にあるが，いくつかの非公式なグループの人間関係の影響力が強くなりすぎて，グループごとの対立や抗争（派閥争い）に発展することも，ときにある。

b. **官僚制組織モデル**　公式組織の典型は官僚制組織である。行政組織である役所はもちろん，大企業や，伝統や格式があるとされる組織が多いが，官僚制組織モデルは一般に次のような4つの特徴をもつとされる。

　(1)　職能的専門化による分業
　(2)　職務の階層制
　(3)　規制，規定，規則（事務業務分掌など）

(4) 没主観的，画一的

　このような組織では，縦割りで役割分担がしっかりと決まっており，組織の階層が明確で上下関係に厳しく，業務内容も細かく規定されている。したがって，構成員は誰が仕事を行なっても同じような（画一的）結果になり，個性的な仕事はしにくい（没主観的）。事務組織などでは官庁やほとんどの会社やそれぞれの部署の業務内容の役割分担を細かく規定した規則集「事務業務分掌」を文書化している。

　社会学者のウェーバー（Weber）によると，この官僚制モデルが，組織運営の最も理想的な形としているが，ときに形式的で柔軟性に欠け，自分の部署の業務責任さえ果たせばよいという縄張り意識的なセクショナリズムを起こす弊害があることも指摘されている。

2．人間関係論の発生とその周辺

　私たちの日常生活の中で人間関係が長時間にわたる集団は，一般に家庭や学校，職場などであるが，この人間関係が良好でないと，勉学や仕事などが快適に行なわれないばかりか，効率が落ちることや，心身の健康にも影響することを経験している。

　このようなことから，人間関係や環境と仕事の効率，生産性などについていろいろな研究や実験が行なわれてきた。企業とくに職場での従業員の基本的な欲求と人間関係について，「ホーソン実験」に始まる人間関係論はたいへんな反響を呼んだが，それらの具体的な研究や実験を振り返ってみたい。

（1）　科学的管理法

　20世紀初頭のアメリカでは，昔ながらの手工業から，機械化による大規模大量生産方式が発展し普及した。これは，アセンブリ・ライン（部品の組み立て流れ作業）を利用した少品種大量生産などの技術革新によって，効率や生産性は飛躍的に向上し，賃金もよくなった。しかし，労働の質は悪化し，労働者対

使用者・管理者の関係がいろいろな問題を生み出した。

この時代の考え方は，テイラー（Taylor, F. W. 1856-1915）の提唱した「科学的管理法」(1911) に典型的にみられるように，複雑な仕事をできるだけ単純で基本的な作業単位に分解して，それぞれの作業を，習熟を必要としない動作として，慣れない人でも，いつでも作業できるようにしたことである。一般に「テイラー・システム」と呼ばれる。

アメリカの製鉄会社の機械技師で工場長から能率コンサルタントになったテイラーは，課業管理の中で，労働者の作業を細かく分析して動作研究を行ない，同時にストップウォッチを持ち込んで作業工程ごとの時間も細かく測定し，それらのデータをもとに標準作業量（今でいうノルマ）を設定した。標準以上の作業量を達成した場合には高賃率の報酬が支払われ，達成しない場合は低い賃率になるという出来高払い賃金とし，合理的なシステムが構築された。テイラーは工場長などが行なう管理監督機能と，作業者の行なう作業機能を区別して，現場職長と計画案職長に分かれた機能別の職長制度（5-1図）を考案し，現在の IE（Industrial Engineering，生産工学）につながる生産管理技法や体

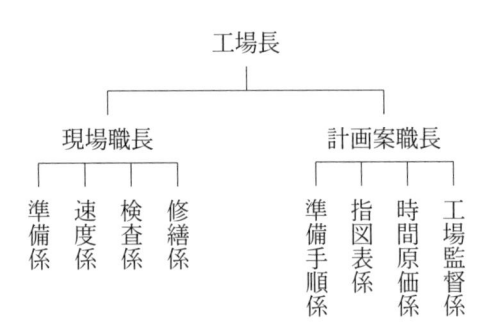

```
                    工場長
         ┌────────────┴────────────┐
       現場職長                   計画案職長
    ┌───┬───┬───┐          ┌───┬───┬───┬───┐
    準  速  検  修          準   指  時  工
    備  度  査  繕          備   図  間  場
    係  係  係  係          手   表  原  監
                            順   係  価  督
                            係       係  係
```

5-1図　テイラーの機能別職長制度

系の基礎を確立し，この方式に合わせて階層組織の改善も行なった。

この科学的管理法は，近代工場制生産を成り立たせている分業化の原理とも合致して，生産コストの低減に大きく貢献し，その後，大規模生産工場に普及していった。

しかし，一見，非常に優れた制度のように思われたこのテイラー・システムに次のような大きな問題が潜んでいた。

課業の設定（標準作業量を決める）に，習熟した職人の作業量を標準としたため，一般の労働者とくに若年者や女性にとっては厳しいノルマを課せられる結果となった。労働者は機械でもロボットでもなく，また，高賃金のためだけに働くわけでもないことから，生産効率の向上だけを求めすぎるテイラー・システムは，画期的ではあるが，人間を対象とする管理法としての難しさに直面していった。

同じ頃，アメリカの自動車王と呼ばれたヘンリー・フォード一世は，フォード・システムという流れ作業による移動組み立て法という大量生産方式を考案して工場における生産効率を飛躍的に向上させた。

そのシステムは，① 労働者は一歩以上動かない，② 労働者は腰を曲げる必要がないベルトコンベアー・システムで，現在では大規模な組み立て工場では一般的なシステムとなっている。また，フォードの経営理念である社会的貢献，一般大衆に有用なサービスを提供する，というフォーディズム（フォード主義）を体現する車ということで，大量生産による安価で丈夫がうけ，当時の花形自動車T型フォードは，自動車産業界を席巻した。

しかし，大量生産による製品の規格化・単純化は顧客のニーズの多様化が進むにつれ，GM（ゼネラルモータース）など他社のスポーティーな車や他の車種の台頭などにより衰退していった。

（2） ホーソン実験

テイラーの活躍からおよそ20年後の1924年，電話機などのメーカー，ウエスタン・エレクトリック社のイリノイ州ホーソン工場において，作業場の照明と生産能率の相互関係を調べる実験が2年余にわたって行なわれた。

この実験は，照明を明るくすれば生産能率が上がるという予測のもとに始められたが，いくつかの作業場で，「作業場の照明を徐々に明るくしていくと，それに比例して生産性は上がる。しかし，ある時点から徐々に暗くしていって

も生産性は下がらない」という，予測にない結果だった。この結果は，照明など物理的環境以外に，生産性に影響を及ぼす他の要因があることを暗示させた。

その後の1927年から，この照明実験を引き継いで，ハーバード大学経営大学院のメイヨー（Mayo, 1933）とレスリスバーガーとディクソン（Roethlisberger & Dickson, 1939）を中心とした研究者たちにより，同じホーソン工場において，照明実験，継電器組み立て作業実験，面接など一連の調査が5年余を費やして行なわれた。この調査・実験は，作業条件の変化が作業者の能率に及ぼす影響を調べるものであった。

実験は，小グループの構成を作業員に任せて，気の合う者どうしで仕事を行ない，指示的な監督はしない場合，メンバーは，メンバーに選ばれたという優越感や誇りと責任感をもち，また，長期間にわたって同じメンバーで実験を行なったのでチームワークが強くなり，創意や自発性を発揮し，作業能率が上昇するという結果が得られた。この結果は予想外のことで，その後，新たな種々の内容の小グループの実験をくり返し，多くの従業員面接調査も行なった結果，次のように結論づけられた。

生産性を向上させる主な要因が，照明など環境の整備などの物理的条件や能率給などの問題よりも，仲間意識や共感，誇りなどの人間的・心理的要因であることを示しており，興味深いのは，それぞれの小グループには，会社の就業規則やルールというものとは全く違った，自分たちの感情なども含めた，次のようなグループ独自の行動基準をつくり出していた。

- あまり働きすぎてもいけない。より多く仕事をするとノルマが増やされる。自分だけ高賃金を得ようとすると軽蔑される。
- あまり怠けすぎてもいけない。仕事しないで賃金をもらうのは許せない。
- 仲間が迷惑することを監督に言ってはいけない。告げ口は裏切りである。
- 仲間にあまりお節介をしすぎてはいけない。
- 職位・職種を誇示したり，過度に威張ったりしてはいけない。

これらの自主行動基準は，いわば仲間の「掟」のようなもので，非公式集団

では顕著にみられるものである。
　このように，人間関係集団は非論理的な「感情の論理」に影響されることが多く，働きがいや生きがいが人間関係と密接に関係し，仕事に対してやる気を起こして作業能率を向上させることが証明され，人間関係論が生まれた。そして，この人間関係論に基づいたさまざまな方策が実施されるようになった。
　たとえば，次の例に示すようなものである。

a. **人事相談制度（カウンセリング）**　たとえば，第1希望でない部署に配属された場合，将来的に第1希望の所に移動したいという希望を聞いてもらうことができる制度である。もちろん希望が必ずしも実現されるというわけではないが，相談に乗ってもらえる受け皿があることによって，従業員は納得して仕事ができるようになるだろう。

b. **社内研修（教育制度）**　会社に入ってからも教育の機会を与える制度である。日本ではOJT (On the Job Training) と呼ばれる，仕事をしながら職場の上司や先輩から指導を受ける職場内教育が一般的に行なわれているが，実際の仕事をしている以外の場所や時間で行なうOff JTという職場外教育もある。入社して最初に行なわれる新人研修や，英会話教室に会社負担で通うような場合はOff JTである。

c. **利潤分配制度（ボーナス）**　あくまで利益が十分に出たときに分配できるのであって，会社の業績が芳しくない場合は全く無くなってしまうことや，現物支給をされることもありうる。

d. **福利厚生の施設や制度**　福利厚生は，従業員の生活面の支援をするシステムあるいは施設のことで，具体的には社内食堂，制服あるいは作業服の支給，レクリエーション施設，独身寮や持ち家支援積み立て制度，厚生年金等の社会保険制度など。これらが整うことによって労働者は安心して仕事に打ち込むことができるようになる。

e. **提案制度**　具体的には，一例としてQC (quality control, 品質管理) がある。現場の従業員が作っている製品や，提供しているサービスを改良・改善していくために行なう提案活動で，作業工程を分析し問題点を抽出して

改善法のアイデアをグループワークで検討していくので，QC サークルとも呼ばれている。現場の人たちのアイデアが採用されるところがボトムアップの形なので，従業員のやる気を起こさせる利点がある。わが国の企業では生産現場での品質改善に日本人の得意なチームワークを生かして，世界に冠たる日本製品の高品質に QC が果たした役割は非常に大きいといわれている。TQC（total QC，総括的・全社的）として，生産現場だけでなくサービス部門や管理部門も含んだ会社全体で QC 活動に取り組む企業もみられる。

f. **職場懇談会や社内報の発行** 社内のコミュニケーションを促進するために，職場懇談会や社内報などを発行したりする。また，俗に「ノミニケーション」と呼ばれる飲み会も，会社内の人間関係をより親密なものにする有効なコミュニケーション手段と考えられるが，会社の施策とは言い難い。（しかし筆者の経験から，組織内での情報収集の場になり興味深い人間模様が観察できる可能性があるので，できるだけ参加される方が望ましいと助言しておこう）

人間関係論の考え方とテイラー・システムの問題点とから次のようなことが浮かび上がる。

- 労働者は，単なる機械の一部品のような労働力ではない。人格をもった一人の人間である。
- 人が働く動機は賃金の高低ではなく，人間としての欲求の充足である。
- 「効率の論理」による管理法には限界があり，人間的な「感情の論理」を尊重した管理法を取り入れると生産性が向上する。

このような実験や調査などの検討から人間関係論が生まれ，工学的管理法の職務重視から人間重視へと，考え方や技法が転換された。その結果，工場内の従業員のモラール（士気，勤労意欲）は向上し，快適に働くことができ，生産性も向上していった。

以上の管理法は広く取り入れられて普及したが，人間の複雑さから，さらにいろいろな問題が提起され，また，組織上のこと，職務自体のことなど，次のような新たな関心が高まった。

- 労働者は欲求を満たすために職場で働くのではない。職場は「仲良しクラブ」のようなものではない。
- 人と人との関係を重視しすぎて，結果として組織と職務の関係，人と職場の関係が軽視されている。
- 大規模工場における未熟練従業員には適用できても，技術者，専門職，管理者には適用がむずかしい。

これらの新たな問題について，種々の解決的考え方や技法が広く研究され，人間の行動を科学する学問「行動科学」へと発展していった。

（3） 行動科学

組織とくに職場において，工学，人間関係などの面から，広く研究・実験・調査などにより，快適に働き，生産性が向上する方策が探られてきたが，その研究領域は，工学はもちろん，心理学・社会学・人類学・経営学・経済学‥‥など人間に関するあらゆる学際分野に及ぶ人間の「行動科学」が生まれた。新人間関係論とも呼ばれ，1950～60年代に多くみられた。次に，それらの代表的な研究をいくつか示してみる。

1）マズローの欲求5段階説（欲求階層モデル）

心理学者マズロー（Maslow, 1943, 1954）は「人間の行動は，そのときの最も強い欲求によって決まる」という前提から，人間の欲求の段階ないし発生順序として5-2図のような欲求5段階説（欲求階層モデル）を提唱した。

マズローによれば，すべての人には，成長をつづけたいという生来の欲求があり，究極には，自身の潜在的な能力を最大限発揮したいという欲求を絶えずもっているとしている。ただし，これはすべての人にできることではなく，高い次元の人間的欲求は，低次の欲求が充足されて，順次，段階的に高次へと階層をなしているとされる。このモデルはどのような社会にも，どのような文化にも妥当であり，人間の行動の本態とされている。

2）マグレガーのXY理論（「目標による管理」）

心理学者マグレガー（McGregor, 1979）は，マズローの「欲求階層モデル」

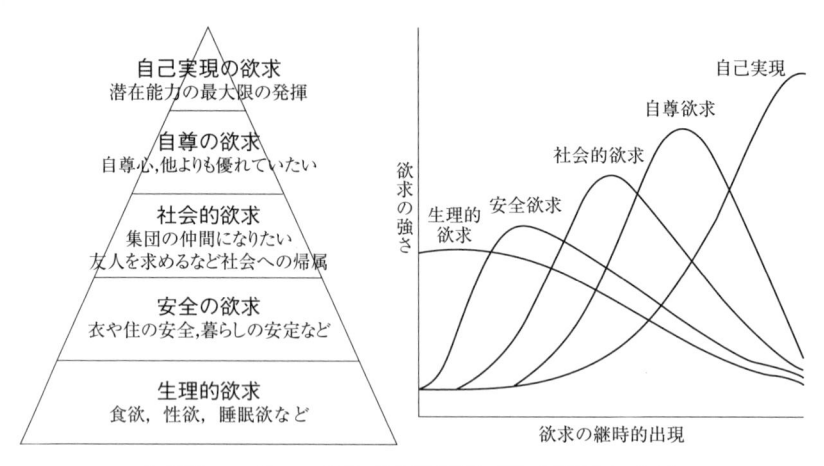

5-2図 マズローの欲求5段階説（欲求階層モデル）

を応用して、働く人間の自己実現の欲求と組織目標の達成を同時に可能とするような管理法、いわゆる「目標による管理」を提案した。

　マグレガーは、組織を管理するため、人間をX型とY型の2つのタイプに分けた。X型の人は、生理的欲求や安全の欲求が強く、強制されないと自分から進んでは仕事をしないタイプ。Y型の人は、自尊心や自己実現の欲求が強く、自ら目標を立てて仕事ができるタイプとした。この場合、あの人はX型、この人はY型というのではなく、同じ人でも、ある分野ではY型になり、別の分野ではX型となるのが一般的だろう。

　X型の場合には細かく指示する強制的管理が適しているが、Y型の場合には細かく命令すると、やる気をなくしてしまうなど、逆効果になる可能性が高いので、自発性に任せる放任的管理が適しているとされる。もちろん、自分が参画して立てた目標のために懸命に努力するY型が多いのは理想である。

　「目標による管理」法は、Y理論によって個人目標と組織目標の統合を目指すものであり、業務目標の達成と個人の能力開発の欲求充足とを同時に果たそうとするものである。いわば職務重視の科学的管理法と人間重視の人間関係管理法との統合をはかったものということができる。

3）ハーズバーグの 2 要因説

ハーズバーグ（Harzberg, 1966）は，従業員の職務態度の調査・研究から，従業員のモチベーション（動機づけ，行動を促す要因）は職務それ自体にあり，2 つの欲求要因があるとした。

1 つは「衛生要因」（環境）とされ，賃金とさまざまな付加給付，作業条件，上司や同僚・部下などの人間関係など，仕事をとりまく外的要因で，なければ不満が生じるが，あったとしても満足に至ることはないもので，この欲求には限りがないことから，真のモチベーションではないとした。

もう 1 つは「動機づけ要因」とされ，仕事の達成感や，仕事が他人により評価して認めてもらったり，昇進や責任ある仕事を任されたりして，向上感・成長感など，働くという行為そのものから生じる要因である。

この 2 要因説は，衛生（環境）要因の整備と動機づけ要因の 2 要因を共に管理することによって，従業員の仕事に対する欲求が満足され，生産性も向上するとしたものである。

したがって，高賃金などによってノルマを達成することで生産性の向上を目指した科学的管理法とは全く逆の考え方であり，人間関係論の延長上にあるといえる。

4）アージリスの未成熟──成熟理論

アージリス（Argyris, 1957）はマズローの欲求階層説とマグレガーの XY 理論に基づき，それに対応する「人間成熟度」という新たな考え方を導入した。

アージリスは，人間は成長に伴って「未成熟から成熟へ」と，人格やパーソナリティーが変化し，発達していくものであるとし，次の 7 つの変化を挙げている。

5-1 表のように，成熟する人間に対して，多くの組織では未成熟な（受動的・依存的）行動を要求している。部下は，成熟しても指示どおりに働くのでは人間的欲求は満たされない。そこで，個人の成熟につれて，組織も変革を行ない，従業員の自主性や責任度を促す組織管理を行なう。こうして，個人の成熟・欲求の充足と組織の目標達成がはかられ，個人と組織目標の統合が可能に

5-1表 アージリスの成熟理論

1. 受動的行動から	⇒ 能動的行動へ
2. 他人依存状態から	⇒ 相対的自立状態へ
3. 単純な行動様式から	⇒ 多様な行動様式へ
4. 場当たり的な浅い関心から	⇒ 複雑で深い関心へ
5. 行動の短期的見通しから	⇒ 長期的見通しへ
6. 従属的地位の甘受から	⇒ 同等または優越的地位の希求へ
7. 自覚の欠如から	⇒ 自覚と自己統制へ

なるというのがアージリスの理論である。

アージリスは，本来，人間性と組織は折り合わないものと考えている。その上で「個人と組織目標の統合」が望ましいとしたのである。

(4) リーダーシップについて

これまで，科学的管理法や人間関係論，行動科学などの人間観と動機づけ管理について，マネジメントに関する考え方からみてきた。これらは，組織において管理者が部下に指示して実行させる際の前提となるものである。ここでは職場において非常に重要とされる管理者のリーダーシップについて検討する。管理者のリーダーシップ次第で職場の生産性は大きく影響されるからである。

1) リーダーシップとは

リーダーシップ (leadership) という語は，日本語では，指導者の統率力とか指導力，素質，能力，任務，指導権など，いろいろのことを包含して用いられるが，従来から，リーダーシップについては百人百様の考え方があり，種々の定義が試みられてきた。それらをいちいち考えるとよく分からなくなるので，概念的に理解できるようにみてみたい。

たとえば，優れたリーダーの下では業績が向上するとか，同じリーダーでも集団が異なれば成果は異なるなど，いろいろな条件などによって複雑に違いが生じる。

リーダーシップは行動科学においては重要な問題であり，種々研究がなされ

てきた。

　初期の研究では，優れたリーダーには何らかの共通の特性があると考えて，実在の各界の指導者や偉人，英雄などの研究から，出身，家庭環境，受けた教育，体格，貫禄，威厳などの特性が挙げられたが，現実の内容からはあまり意味のあるものではなかった。その後，知性，人格，独創性，企画力，判断力，実行力，責任感，人気，経験などが考えられたが，非常に優れたリーダー以外にはこれらを兼ね備えることなど，とてもむずかしい。そこで，類型論が出てくる。

　リピットら（Lippit et al.）は，リーダーシップを3つに分類しているが，類型論的研究の代表的なものである。

　(1)　民主的リーダーシップ
　(2)　権威主義的リーダーシップ
　(3)　自由放任型リーダーシップ

　しかし，これは集団の環境や状況の変化という要因を軽視している点で問題があった。そこで，この状況的要因を考慮に入れた状況論的研究が出てきた。これは，特定の状況，特定の目標，管理者の特性，部下の意欲や欲求などいろいろな状況を要素にするものであるから，ある状況下では民主的リーダーシップが有効であり，他の状況下では権威主義的リーダーシップが有効であったり，その中間的なリーダーシップが有効であったり，というものである。

　この状況論的考え方は，いわば，リーダーシップの相対論であり，この考え方には，マネジリアル・グリッドや，PM理論，ライフサイクル理論などがあり，今日，これに基づくリーダーシップの教育訓練が産業界に広くみられる。

2）三隅二不二のPM理論（リーダーシップ論）

　リーダーシップには，伝統的に2つのコンセプトが対比的に論議されてきている。いわゆる専制的リーダーシップと民主的リーダーシップである。専制的とは，リーダーがフォロワー（たとえば部下）の意図関心には関係なく事柄を決め，フォロワーはそれに従うだけである。民主的とは，全く対照的にフォロワーが何を考え何を期待しているかをみて，集団を方向づけるようなリーダー

シップである。

 1950年代，リーダー行動の研究で，2つの主要な次元が明らかにされた。オハイオ研究といわれるものと，ミシガン研究として知られるこの2つの研究からみてみると，オハイオ研究では，1つは「配慮」で，メンバーに生ずる緊張やストレスを和らげて解消し，人間関係を友好的に保つように働きかけるような行動であり，もう1つは「体制づくり」で，さまざまな関心や行動を，目標達成のために一つの方向に向かわせ，効果的に統合するような行動である。

 ミシガン研究でも同じように，1つは現場で働いている人に関心を向け，従業員の福利を重視する従業員指向（オハイオ研究の「配慮」）で，もう1つは，職場集団がいかに効率を高め生産的であるかに関心を向ける生産性指向（オハイオ研究の「体制づくり」）である。三隅二不二のPM理論（1978）はこの流れに属するリーダシップ論である。

 三隅はグループ・ダイナミクス（集団力学）の観点からリーダーシップを研究しており，リーダーの役割は，①業績達成（performance：P機能）と，②人間関係の維持（maintenance：M機能）と考え，この2つの集団機能を用いて，PとMの組み合わせによる4つのタイプのリーダーシップの実証的研究を行なった。

 実験の初期では，「生産性とモラールに最も適したリーダーシップは，P行動やM行動が単独で機能する時ではなく，P行動とM行動が相乗したときであ

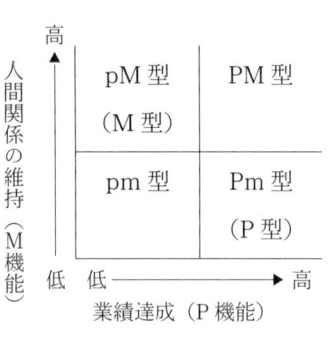

	集団の生産性	部下の満足度
PM型	きわめて高い	モラール最高
Pm型	高い	モラール低い
pM型	低い	モラール高い
pm型	きわめて低い	モラール最低

〔PもMも大文字は高い，小文字は低いことを示す たとえばPmは，Pは高くMは低いことを表す〕

5-3図　三隅二不二のPM論

る」ことが判明した。

　次に，P行動とM行動を測定する尺度を作成するために，実際の第一線監督者の行動分析による質問項目をつくり，多数の事業所で，管理者にではなく直属の部下全員について調査を行なった。管理者自身の調査では客観性と信頼性が低くなるからである。

　その結果，リーダーシップ行動は次の3つの因子からなることが判明した。
① 業績への圧力，② 集団の維持，③ 計画性。

　①と③はP行動の因子，②がM行動の因子である。この3つの因子により，P行動・M行動を測定する調査票が作られ，生産性や職場の満足度など，さまざまな職場で実証的に調査・研究がなされた。たとえば，生産性や職場満足度，事故率などでは，1位はPM型，2位は長期的にはpM型，短期的にはPm型，pm型は4位であったというようなことである。そしてPとMが高い時に最も生産性が高まり，部下のモラールも高まるのである。

　リーダーシップの研究や理論は多岐にわたっているが，リーダーシップは，いずれも人と人との複雑な関係や，組織と人，また種々の環境や条件の上に成り立っているものであり，実際の研究もまだまだつづくものであろう。

3．日本社会と人間関係

　本章では，1節で組織と組織の中の人間関係，2節で人間関係論とリーダーシップ論などについて学んできた。この3節では，社会と人間関係とくに日本社会の人間関係を主にみていきたい。

　わが国の社会における人間関係は，この半世紀の間，どのような場面をみても大きく変革してきた。企業においては，世界的に注目された日本型経営は過去に去りつつあり，この間の科学技術の急激な進歩・発展は特に企業・職場環境を直撃し，組織も人間関係も大きく変化し，また，変化しつづけている。しかし，日本の風土と人間性は，変化しながら，いろいろな形で企業や組織で生かされている。それらについて検討していきたい。

(1) 『菊と刀』にみる日本的リーダーシップ論

第二次世界大戦直後の1946年, アメリカの女性人類学者ルース・ベネディクト (Ruth Benedict) が『菊と刀』(The Chrysanthemum and the Sword) という著書で, 日本人の根本的な生活習慣や価値観, 考え方など日本の文化についてみごとにあらわした。いわば日本人論として現在でも納得できるところが多い。この外国人が客観的に見た日本人論から, リーダーシップを見てみたい。

5-2表　恩と義理, 日米の対比

日本的 (wet)	アメリカ的 (dry)
人間関係の貸し借りが濃密 義理や人情, 恩義を重んじる	淡泊でビジネスライク give and take

a. Hierarchy (ヒエラルキー, 階級, 階層), Order (序列, 順序) and Rank (地位, 等級)　日本の社会には階層性がある。これは中世の士農工商のような身分制度があるということではなく, 日本人の生活感に序列意識が強くあり, 地位や年齢を気にする国民性であるということである。学歴や会社のランク付けや上下関係, ビジネスにおいても, 資格より会社名とか, 年功による序列, 年齢や地位によって, 相手に対する敬語の使い方や態度が変わる, などである。

b. obligation (恩と義理)　これは人間関係そのもので, 日米で5-3表の8のように対比している。

　日本では, 会社においても公私の区別が明確でなく, 人間関係が大切で, そのぶんウチ・ソト意識が強く, ウチでは家族同様の親密な付き合いをする反面, ソトに対しては冷たくそっけない対応になる。

c. Shame and Guilty (恥と罪)　日本は恥の文化で, 世間体を気にする国民性をもっており, 体面を大事にしている。一方, アメリカ人は罪の文化で, 罪の意識が強く, これは神に対する罪の意識であり, 日米では善悪の判断が世間 (周囲の人) と神 (個々の良心) と, 全く異なっている。このことは,

3. 日本社会と人間関係

日本人には「恥の上塗り」「汚名をそそぐ」「顔に泥を塗る」などの表現があるように，また「旅の恥はかき捨て」のように，旅先で，周りが誰も自分を知らない所では，ふだん恥ずかしいことでも平気でやってしまうことがある。また「赤信号みんなで渡ればこわくない」など，自分だけでなくみんながやれば悪いことでも恥ずかしくないという感覚もある。

以上は『菊と刀』のほんの一部であるが，日本の社会や文化，日本の風土に根ざした日本人論など，現在でも納得できる点が多い。

ただ，この本が書かれたときは第二次世界大戦の最中だったので，ほとんどは日本人の捕虜からの話しに基づいたもので，ベネディクト女史は一度も日本に来たことがなかったという。

(2) 中根千枝の日本的リーダーシップ

社会人類学者の中根千枝は『タテ社会の人間関係』(1967) の著書の中で日本的リーダーシップについて次のように記述している。

- 天才的な能力よりも，人間に対する理解力・包容力をもつということが，なによりも日本社会におけるリーダーの資格である。
- 他の国であったならば，その道の専門家としては一顧だにされないような，能力のない（あるいは能力の衰えた）年長者が，その道の権威と称され，肩書きをもって脚光を浴びている姿は日本社会ならではの光景である。
- この老人天国は，彼がその部下にどれほどの有能な子分をもっているか，という組織による社会的実力（個人の能力ではない）からくるものである。
- 重要なのは，リーダー自身の能力よりも，リーダーがいかに自分の兵隊の能力をうまく発揮させるかであり，この実現はきわめて人間的な接触に支えられている。

いささか極端な表現であるが，日本社会におけるリーダーは，専門知識や技術に裏づけされた個人の能力よりも，部下に対する包容力，面倒見のよさの方が重要である，というのである。

これを，先の三隅二不二の PM 理論（p. 95）にあてはめてみると，中根の指摘する日本的リーダーは pM 型で，日本人は達成動機の高いメンバーが集まっているので，それぞれに仕事を任せて人間関係の維持に気を配るリーダーが好まれるということになるだろう。

（3） 日本の民族性と日本的経営

世界の国々にはそれぞれの風土や環境などに培われた歴史的な民族性がある。日本人の集団主義をはじめとする民族性について検討してみたい。そこで日米の民族性と日本的経営について大ざっぱではあるが，比較してみた。（5-3表，5-4表）

ずいぶん思いきった内容の比較ではあるが，日本人とアメリカ人ではかなり両極端な性格であることがわかる。

日本の大きな特徴は単一民族国家という島国独特の性格で，全国どこでも日本語が通じて，「あ・うん」の呼吸で，多くを語らなくても意思を伝達できる価

5-3表　日米の民族性の比較

	日　本	アメリカ
1	Homogeneous　ホモジニアス　同質の　単一民族国家	Heterogeneous　ヘテロジニアス　異質の　多民族国家
2	Introvert　内向的　Negative　消極的　Closed　閉鎖的	Extrovert　外向的　Positive　積極的な　Open　開放的
3	Rule　規則	Liberty　自由
4	Hierarchical　階層性	Equality　平等
5	Dependent　依存的	Independent　自主独立
6	Group oriented　集団主義	Individual oriented　個人主義
7	Formal　形式的，秩序正しい	Informal　略式，儀式ばらない
8	その他　人間関係社会　Uncertain　はっきりしない　中間・中庸　まぁまぁ	その他　契約社会　Yes or No　答えが明確　ビジネスとプライベートは別

値観の同一性・共通性は他の国では例をみない。新大陸で移民を受け入れてきたアメリカはもちろん，大陸で陸続きの国々はほとんどがそうであるように，多くの民族が入り混じり，多言語，多文化，多宗教で，深刻な民族紛争が起こる原因にもなっている。したがって，日本人は非常にウチ意識が強く，内向的消極的な守りの姿勢がみられ，ソトに対しては閉鎖的な村社会のような構図となっているのに対して，アメリカは全く逆である。

さらに，日本人は規律正しく，上下関係がきっちりしており，形式的で，チームワーク重視の人間関係社会で，相手を傷つけない配慮で Yes, No をはっきりせずにあいまいな表現になりやすい。対して，アメリカは自由と平等の国柄で，Yes, No をはっきりし，自己主張する個人主義の契約社会といえる。ただし，自由と平等は簡単に両立しているわけではなく，自由競争社会で運や実力を発揮した結果は成功・不成功で，貧富の差すなわち不平等ができるのは当たり前と考える。アメリカで平等というのは，結果がみな平等に等しくなるということではなく，機会が誰にでも平等に与えられているということである。

次に，日本的経営と米国企業の比較では，次のようになる。

a. **雇用**　日本の終身雇用は，よほどの失敗などがない限り定年まで雇用が継続される習慣で，制度として決められたというよりは日本社会の慣行として考えた方がよい。しかし，従業員の帰属意識を高め，特に若い労働者の賃金を低く抑え，将来を約束することでモチベーションを維持させる絶大な効果があった。

b. **賃金・昇進**　日本では終身雇用に連動して年功序列による給与体系と

5-4表　日米の経営比較

	日本的経営	米国の経営
①雇用	終身雇用（制度）	短期雇用制度
②賃金・昇進	年功序列型賃金・昇給制度	実力主義
③経営の型	家族主義的経営	個人主義
④労働組合	企業別組合	職種別組合

昇進制度が行なわれてきた。年齢や，勤務年数が長く，経験を積み重ねるほど給与や地位が上がっていく仕組みは，技術や判断力の習熟からみれば十分な妥当性も考えられたが，コンピュータによる新技術の導入はその構図を逆転してしまったといえよう。ただし，中根千枝によれば（p. 99），日本的リーダーシップは個人の実務能力よりも人間関係の処理能力の方が重要なので，年功序列の崩れは企業の経営状態に余裕がないことによることになる。働きの悪い（年功制度で給与が高くなった）中高年はリストラし，アメリカのように業績のよい者を評価したい企業の本音からいえば，終身雇用ができなくなった時点で年功序列は必要なくなっているだろう。現在でも年功序列は残っているが，主として官僚制の役所や学校など，保守的でなかなか改革の進まない組織である。

c. **経営の型**　日本の伝統的な家族主義的経営は，チームワーク重視で集団主義の日本人の特性に合致した「和の経営」であるが，個人主義でアメリカナイズされた現在の若者たちに通用するかどうか。システム的な人間関係なども含め，変化していくだろう。

d. **労働組合**　日本では企業別もしくは企業内組合で，会社ごとに組合があるのが一般的であるのに対し，欧米では，プログラマーの組合などのように，会社の枠を超えて，職種や産業別に横断的に組織されている。日本では，労使協調などで労働者と経営者が極端な対立の構図ではなく，同じ会社だからと，お互いに運命共同体として協力し合うことが多い。御用組合として経営側に傾いていることさえある。

最近では，日本的経営は米国的に近いものになりつつあり，日本的経営の効力はかげを潜めてきている。米国企業にみられるように，短期雇用で，実力のあるものは会社を変わるたびに自己アピールして地位と報酬を上げていく個人主義の実力社会に日本もなってきているといえるだろう。人間関係を重視したこれまでの日本の社会は，国際化が進み，厳しい競争社会の中で，明らかに変化してきているのである。

（4） ビジネスの傾向と人間関係

近年のビジネスの傾向をみてみると，それぞれの時代のキーワードがみられる。

a. **製品の時代**　1970年代の日本では，QC（quality control，品質管理）という言葉で代表されるように，製品の品質が追及された時代であった。品質や性能の良い製品をつくれば売れることから，それを目的に，改善のための提案を広く従業員に求めた。もちろん現在も，無駄をなくすなどの各種提案活動はづついており，企業の有効な手段であるが，組織の下部からのボトムアップによる従業員のモチベーションを高める効果は大きく，特に日本では大きな成果を挙げた。

b. **マーケティング（広告宣伝）の時代**　1980年代には，CI（corporate identity，企業のイメージを確立しようとする広報戦略）と呼ばれる企業のイメージアップ宣伝の時代であった。会社名をカタカナ名に変えたり，会社のイメージマークをカッコよくしたりしてテレビ宣伝をするとか，消費者に対してわかりやすく製品を訴えたり，それがブームのように広がっていた。

　　たとえば，「津村順天堂」が（自然と健康を科学する）「ツムラ」と社名変更して宣伝したり，かまぼこの「かねてつ食品」が（無添加純正の）「カネテツデリカフーズ」など，カタカナや英語風でアレンジしたイメージアップ戦略が盛んだった。また，ブランドイメージの構築にも積極的だった。

c. **顧客サービスの時代**　1990年代に入ると，顧客満足を主眼においたサービスの時代になり，CS（customer satisfaction，顧客満足）が時代のキーワードとなった。商品それ自体からの満足感ばかりでなく，それに付随したサービスを含めて顧客の満足度が決まる。商品自体が優れていても，それを提供するサービスが劣悪では満足には至らない。このような観点から顧客の満足度の調査が行なわれるようになり，初めJ.D.パワー社

により自動車業界に導入された。調査した CSI（顧客満足指数）は，この業界では特に販売店に大きな影響を与えた。

　CS は一般に製品や販売活動などのマーケティングの個別機能に関するものとされることが多いが，本来は企業経営の中心課題となるべきという指摘もある。

　CS による実際の成功例は，ヤン・カールソン著『真実の瞬間』（1990）に詳細に綴られており，これに注目したノードストローム社など多くの企業の成功例が数えられている。

　『真実の瞬間』は，1981年に，当時，経営の悪化していたスカンジナビア航空の社長に就任し，ビジネス旅行者向けの最高の航空会社にしようと目標を掲げ，さまざまな改革を断行，1984年には，年間最優秀航空会社として表彰を受けるほどに成功する物語である。

　顧客最優先の経営の内容であるが，従来のトップダウンのピラミッド型の組織を逆三角形にして，最上部に顧客を置き，その下にいる現場の従業員に大きな権限委譲を行なったことがポイントになっている。

d. ビジネスは人　　2000年代のキーワードはなにか。その一つは間違いなく IT（Information Technology，情報技術）であろう。QC も CI も CS も，ほとんど人間が人間を通して行なってきた。しかし，IT においては，人と人とを結ぶコミュニケーション手段にコンピューターが用いられ，その情報量とスピードに革新的な変化をもたらしている。そこでは人と人との関係も従来には考えられなかった問題などが起きたり，その変化は5年後の社会の予測すら難しいほどに急激なものである。

　以上のように，本章では組織とくに企業や職場の人間関係について，気持ちよく働く環境や人間関係，そして生産効率など，実際の調査や研究からの考察を見てきた。職場において，科学的・技術的に優れたシステムでも，実際に行なうのは人間であり，また組織も多様で，その目的や環境も時代により変化するものであることも理解できた。

はっきりと組織といえないまでも，集団や組織はどこにでもあり，私たちはその集団の中の一員として行動し，生活している。一人ひとりの言動が集団の雰囲気をつくり，それが住みよいものになるかどうかを決めるということをしっかり認識しなければならない。

6章 人間関係を取り巻く環境変化

1. IT化の進展と人間関係

　街中で,電車の中で,学校の中で,携帯電話を使用する人が急増し,また,インターネットの普及によって,ホームページを閲覧したり,電子メールを利用したりする人が増えている。
　このような状況の中から,「IT化」とか「IT革命」という言葉が登場し,IT(情報通信技術：Infomation Technology)化への国の対応が緊急な課題とされるとともに,それが社会にどのような影響をもたらすのかについて大きな関心が払われている。
　本節では,社会のIT化と,それが私たちの人間関係にどのような影響を及ぼすのか,人と人とのコミュニケーション(インターパーソナル・コミュニケーション)のあり方に焦点をあてながら考えてみよう。

(1) IT化とは何か

　インターネットや携帯電話が普及するようになって,私たちの生活は非常に便利になった。たとえば,どこかに旅行するとき,宿泊先の情報をインターネットで手軽に調べることができる。旅先の観光地や宿泊するホテルの情報,あるいは電車の時刻表まで,インターネットを利用することにより簡単に入手でき,さらにホテルの予約も可能である。また,実際にお店まで足を運ばなくても,オンラインショッピングでいろいろな商品の購入もできる。そのほか,音楽配信,電子本,大学の休講情報・求人情報の提供など,インターネットや携帯電話を活用した新たな試みが始まっている。

このように，新たなメディアによる利便性を享受できるようになったのは，情報通信技術の発達によるものである。こうした情報通信技術の飛躍的な進展を背景とした携帯電話などのモバイル通信やインターネットの急速な普及の現象を「IT化」あるいは「IT革命」と呼んでいる。たとえば，インターネットの利用者数は，1999年の約2,700万人が，2001年には約5,600万人にのぼり，2年間で2倍以上に増加し，国民の人口普及率は44％に達している。2005年には8,700万人に達すると予測されていて，国民の3分の2がインターネットを利用することになる。

　一方，携帯電話・PHSの加入者数は，7,700万人（2002年9月末時点）で，国民の人口普及率は6割近くにのぼっている。このようなIT化の動きは，工業社会から情報社会へのパラダイムシフトを加速させる産業文明の新しい潮流とみなされている（郵政省編『平成12年版　通信白書』）。

　インターネットと携帯電話の急速な普及に対して，政府も，2000年11月に高度情報通信ネットワーク社会形成基本法（IT基本法）を制定し，IT化への本格的な対応に着手した。その具体化の一つとして，政府内にIT戦略本部を設置して，2005年をめどに，世界最強のネットワーク大国をめざす「e-Japan戦略」を策定した。さらに2002年3月には，「IT人づくり計画」をつくり，学校教育の情報化と情報技術者の養成を重点目標にしたプログラムを作成している。

（2）　IT化とコミュニケーション研究

　社会の中心的な情報伝達手段は，技術発展とともに変化してきた（佐藤卓己，1998）。大昔の文字のない時代には直接会って話すことで情報の伝達が行なわれていたが，文字の発明によって，人々は時間と場所の制約から自由になり，情報を記録として書き残すことが可能になった。その後，グーテンベルクの印刷術の発明により，大量の情報を流通させることが可能となり，書物，新聞，雑誌などの印刷メディア（出版物）による情報伝達が広く行なわれるようになった。さらにラジオやテレビといった電子メディアの登場により，人々は，リアルタイムな情報を手に入れることができるようになった（斎藤嘉博，

1999)。

　私たちのコミュニケーションのあり方は情報伝達手段に規定されており，その有無によって大きく2つに分類することができる。人と人が直接会って話しをするようなコミュニケーションのあり方を対面的コミュニケーションと呼び，手紙，電話，新聞，ラジオ，テレビなどのメディアを介したコミュニケーションのあり方をメディア・コミュニケーションという。ここでいうメディアとは,「中間」「媒体」を意味するラテン語のmediumに由来する言葉で,「人々に情報を伝達する媒体」を意味する（佐藤卓己，1998）。

　メディア・コミュニケーションはさらに，新聞，雑誌，ラジオ，テレビなどのマス・メディアと，手紙，電話などのパーソナル・メディアに分類することができる。コミュニケーションにおける「送り手」と「受け手」の関係でいえば，前者は「1対多」の関係，後者は,「1対1」の関係をその特徴としている。

　これまでコミュニケーションに関するさまざまな研究が行なわれてきたが，その主な対象は，対面的コミュニケーションか，あるいは新聞，ラジオ，テレビなどのマス・メディアであった。ところが1990年代に入ると，インターネットが世界中に広まり，その新たなメディア特性に多くの人々が注目するようになった。

　これまでのマス・メディアでは，「送り手」と「受け手」が固定しており，一般の人々は，新聞社やテレビ局が発信する情報を一方的に受け取るだけであった。しかし，インターネットの登場は，そうした固定化した関係性を打ち破り,「送り手」と「受け手」が相互にコミュニケーションすることを可能にし，さらに「受け手」自らが世界に向けて情報発信できるという，画期的なことがらを可能にした。

　インターネット上では，世界中の人々と電子メールのやりとりができ，Webブラウザのソフトを利用すれば，文字情報だけでなく，画像や音楽も受信することができる。インターネットはこうしたマルチな性格を有しているだけではなく,「送り手」と「受け手」の関係についていえば，電子メールのように1対1の場合もあれば，ホームページの公開のように1対多，あるいは多対多

の場合もあり，従来のメディアにはみられない多様なコミュニケーションパターンをもっている。

インターネットの双方向性，対等性，情報発信という特性に注目して，多くの人々がその可能性を高く評価している。たとえば，村井純（1995）は，「地球上の人類がコミュニケーションを展開することのできる単一の，人類がかつて経験したことがない規模のメディア」と評している。また立花隆（1997）は，インターネットの中にある，膨大な量の情報に着目して，調べたいものはどこでも手に入るという意味で「インターネットはどこでもドア」と述べている。さらに古瀬幸広と廣瀬克哉（1996）は Web 上で見知らぬ人同士が議論を交わし，知の創造や共有がはかれる可能性に注目して，「知識を共有できるコミュニティ」という指摘をしている。

（3）新たなメディア・コミュニケーションへの注目

インターネットの動きとともに，注目すべきは若者を中心とした携帯電話の爆発的な普及である。2001年2月末には，人口に対する携帯電話の普及率がはじめて50％を超え，国民の二人に一人が持つようになった。ある調査によれば，高校生の8割，中学生の2割が，すでに携帯電話・PHS を所有しているとされ（「読売新聞」2002年3月28日），子どもからおとなまで幅広い層がそれを活用するようになった。

携帯電話を利用することで，いつでも，どこでも，誰とでもつながることが可能となった。会話だけでなく，メールのやりとりもでき，ｉモードの登場によって，インターネットの情報を享受することもできる。こうしたマルチな機能とモバイル性がうけて，人々の間に急速に広まったとみることができる。

これまでは，パーソナル・メディアとしての電話に関する研究はあまりなかった。1992年に吉見俊哉・若林幹夫・水越伸らが世に出した『メディアとしての電話』が，わが国で初めて電話に関する本格的な研究書であった。ところが，携帯電話が人々の間に普及し，若者たちの行動スタイルに大きな影響を及ぼすようになると，それへの関心が高まり，最近では「ケータイ学」なる新し

い学問も登場するようになった。

インターネットと携帯電話の関係についていえば，最近の携帯電話は，インターネットを利用できる機種が増えており，こうした携帯電話を「ウェブ携帯」と呼んでいる。2001年時点でのインターネット利用者数約5,600万人のうち，パソコンによる利用者数が約4,900万人に対して，ウェブ携帯による利用者数は約2,500万人（重複回答を含む）である。つまり，インターネット利用者のうち，半数近くが携帯による利用であって，今後，手軽さゆえに，ウェブ携帯によるインターネットへのアクセスは増加していくものと思われる。

ここで注意すべきことは，ウェブ携帯によるホームページの閲覧は，パソコンと比べて，閲覧できる内容に制限がある点である。ホームページのすべてが閲覧できるわけではなく，閲覧できるものは契約しているプロバイダーによって異なり，また携帯向けに特別に作成されたホームページのみである。したがって，ホームページから入手する情報も限られており，情報を収集して，整理して，自らの意見を発信するというポジティブなメディア活用には向いていない。このようなところから，「iモードの携帯といってもポケベルの延長にすぎない」（木村忠正，2001）という否定的な見方もある。

（4）携帯電話による若者たちのコミュニケーション

現代の若者たちにとって，携帯電話は必須アイテムといってよい。多くの若者たちが携帯電話を所有し，友人たちと頻繁にメールのやりとりや通話を楽しんでいる。いつでも，どこでもつながることができるということから，四六時中，連絡を取り合う，いわゆる「携帯依存症」といわれるような社会現象も起きている。

若者たちが携帯電話になぜハマッテいるのか。理由はいろいろあるだろう。まず第1に，いつでも，どこでも用件を伝えることができるという利便性である。たとえ相手が不在であっても，メールを送信すれば，いつかは読んでもらえるのである。また，電車内でよく見かけるが，時間をもてあました時など，ポケットゲームを楽しむかのように，メールのやりとりをしたり，サイト検索

をしたりして，暇つぶしをすることができる。

　こうした用件の伝達や趣味的な時間の過ごし方以外に，他愛ないおしゃべりをする手段として携帯電話を用いる場合がある。用件は相手に伝わればそれで終わるが，おしゃべりのやりとりは，延々と続く場合もあり，それ自体を目的として楽しむというコンサマトリー（即自充足的）な性格を有している。

　携帯電話を肌身離さず持ち歩き，四六時中，友だちと連絡を取り合う光景に対して，若者たちはなぜ「繋がり」たがるのかという問いかけもされている（武田徹，2002）。しかし，携帯電話が登場したから若者たちが常に結びつきを求めるようになったわけではなく，固定電話であっても昔からおしゃべりを延々とする「長電話」というのはあった。常に気の合う人と繋がりをもちたいという欲求は，ある意味では自然な欲求であるといってよい。仕事を終えた後の会社員のアフター・ファイブの人間関係も，それと同じ欲求にもとづいている。ただ，携帯電話というモバイル性の高いメディアが登場したことで，いつでもどこでもおしゃべりをすることが可能となり，繋がりあう関係性に拍車をかけたことは確かである。

　一方，携帯電話やパソコンなどのメディア・コミュニケーションに依存することで，face to face の対面的コミュニケーションの機会が減るのではないかという意見もみられるが，この点はどうなのか。これについて統計的なデータがあるわけではないが，まわりの若者たちを見ていると，携帯でコミュニケーションをとったからといって，直接会う機会が少なくなるというわけではない。むしろ会うためにこそ事前に携帯でやりとりすることも多い。つまり，直接会っておしゃべりをする時間はいままでどおりで，さらに，会えない時にも頻繁に携帯で連絡をとりあうというのが実態に近い姿だろう。

　用件を伝えたりおしゃべりしたりする時に，携帯電話がとても便利だと述べたが，若者たちの間に携帯電話が急速に普及した原因は，それだけではない。若者たちの携帯電話の使い方をみると，かつてのポケベルのような，メールのやりとりが主である。通話料金よりもメール料金の方が安いという経済的な理由もあるが，メール交換は，若者たちが好む，〈つかず離れず〉といった対人関

係の距離のとり方に適合的なのである。つまり利便性だけでなく，若者たちの心をとらえる要素があったのである。

　木村忠正（2001）は，携帯電話によるメール交換の特徴について次のように述べている。「普通の電話の機能だと，相手（自分）と直接（同期的に）話すことになるが，それは，相手（自分）のプライベート空間に直接呼び鈴を鳴らし，侵犯することでもある。それに対して，文字メッセージというのは，相手（自分）が都合のいいときに読むことができ，都合のいいときに相手（自分）の都合を心配せず返信できる」。木村は，現代の若者気質として，〈だれかにかまってほしい〉，でも〈深く介入するのはやめてほしい〉といった対人関係の距離のとり方を指摘しているが，こうした気質にうまくマッチしたからこそ，若者たちの間に携帯電話が爆発的に広まっていったとみることができる。

　電子メディアを媒介にしたコミュニケーションは，相手の顔の表情やしぐさが見える対面的コミュニケーションとは異なっている。怒った顔，不愉快な顔，悲しげな顔，こうした生々しい表情を伴う直接的な人間関係から距離をおくことができる。濃密な人間関係から一定の距離をおきつつ，お互いの気持ちを伝え合えるという点に，電子的コミュニケーションの魅力があるのかもしれない。人前では自分をうまく表現できない人間にとっても，そうしたコミュニケーションのあり方は魅力的である。

　若者たちの間で人気のある歌手，宇多田ヒカルの歌の一節に次のような歌詞がある。

　　　「It's automatic
　　　　アクセスしてみると
　　　　映る computer screen の中
　　　　チカチカしてる文字
　　　　手をあててみると
　　　　I feel so warm　」

　　　　　　　　　　　　（「Automatic」1998）

携帯電話やパソコンという電子メディアがあれば，たとえ好きな人が遠くにいても，声を聞いたり，文字を読んだりすることで，相手の存在を身近に感じることができる。つまり時間と空間をともにしなくても，画面上の文字を読んで，ときには「I feel so warm」と思える時もあるというのである。

肉筆の手紙でなければ，気持ちは伝わらないと考えている人間にとっては，ワープロ打ちの手紙は，違和感を覚える代物であろう。ましてや，コンピュータ画面上の「チカチカしている文字」に心温まるという心境は，とうてい理解しがたいことである。しかし，肉筆という生々しさから離れた，無機質な文字の羅列の中に，乾いた人間関係がもたらす安らぎを感じることもある。

もちろん，いまの若者が，濃密な人間関係を避け，無機質な関係における安らぎだけを求めているというわけではない。ときには必要以上に親密な関係を求める場合もある。孤立することを恐れて，常に群をなして行動するという現象はめずらしくない。一方で，濃密な人間関係を求めつつ，他方ではお互いに深入りせずに乾いた人間関係における安らぎを楽しんでいるのである。その際に携帯電話や電子メールといった最新のテクノロジーが，こうした相反する人間関係への要求に臨機応変に対応しているのである。

（5） 選択的人間関係と〈公私のゆらぎ〉

社会における都市化の進行とともに，血縁や地縁にしばられない，多様な人と人との結びつきが増えるようになった。趣味や価値観を共有する人々が出会い，関係をとり結び，相互交渉する。気の合った仲のよい友だち，趣味で結ばれたサークル，共通の関心にもとづくネットワークグループなど，いろいろな分野において，こうした選択的な人間関係が存在する。それは，血縁や地縁と異なって，自分の意志で結びついたり，離脱することができるという特徴を有している。

携帯電話で気の合う友だちと四六時中，繋がっている関係も，こうした選択的な人間関係の一つである。都市化の進行による選択的な人間関係の広がりは必然的な成り行きであり，そこに心地よさや安らぎを見いだす若者がいても不

思議ではない。むしろここで注目すべきは，携帯電話が，そうした人間関係をコントロールするうえできわめて適合的なツールであり，そこでの親密な関係性をよりいっそう維持・強化する点である。

松田美佐（2002）は，携帯電話における番通選択行為に着目して，携帯電話と選択的な人間関係のあり方について論じている。番通選択行為とは，携帯電話における留守電機能やナンバーディスプレイ機能を活用することで，イヤな相手と付き合わないという選択的な行為を指している。松田は，多くの若者の間でこうした番通選択行為が行なわれている事実を紹介し，気の合う友だちとの心地よい関係性を維持しようとする傾向があると指摘する。このことは，逆にいえば，携帯電話による親密な選択的人間関係は，趣味や嗜好を異にする他者を排除することにつながる。

もちろん，携帯電話が登場したから，自閉的な選択的人間関係が生まれたというわけではない。趣味や興味にもとづく選択的人間関係というのは，もともとそれに共感しない人間を排除しようとする傾向をもっている。また気の合う仲間と常にコミュニケーションをとりたいという欲望は若者だけのものではなく，多くの人々に共通にみられる欲求である。したがって，若者たちの自閉的な人間関係それ自体が問題であるというよりも，携帯電話が，そうした傾向をより強めるメディア特性をもっている点に注意を向けるべきであろう。

もう一つ，携帯電話と人々との関係性でみておかなければならないのは，携帯電話の登場によって，人々をとり巻く社会的空間が変容した点である。すなわち，公的世界と私的世界の相互浸透，あるいは〈公私のゆらぎ〉と呼ばれる現象である。たとえば，電車内というパブリックな場における携帯電話の使用がよく問題にされるが，これは公的な世界に私的な世界が侵入することを意味している。こうした事例はあちこちに散在しており，そのことの意味を考えてみる必要がある。

吉見俊哉（1994）は，興味深い電話論を展開している。彼は，電話の普及に伴なって，住居における電話の位置がどのように変化してきたかに注目する。最初，電話は玄関の下駄箱の上に置かれていた。電話利用の日常化に伴い，応

接間や台所，リビングルームへと，住居空間の中心部へ移動するようになった。住居における電話の内部化は，親子電話やコードレス電話の普及とともに，さらに進行し，親の寝室や子ども部屋にも置かれるようになった，と指摘する。

電話の内部化が進行し，子ども部屋にまで浸透する。こうして電子的に家庭内が解体され，それぞれの電子的個室が生み出される。ここで重要な点は，この電子的な個室が，外の世界と電話回線でつながっており，広域的なネットワークの端末群をなしている点である。つまり，住居という物理的に閉ざされた空間であっても，電話を通して，外部の世界とつながりをもつ。さらに家を出て，外に行けば公衆電話が存在し，電子的な個室はいたるところに存在するようになる。このようにして電子メディアの普及が，現代都市における社会的空間を変容させるという。

吉見俊哉（1994）はさらに，携帯電話の普及が，このような個室の遍在という傾向をより強めると予測し，次のようにいう。「電話が住居のなかにつくりだしていった多数の電子的個室は，住居の外部にも拡散し，街頭のいたるところに偏在しているのである。そして，こうした傾向は，近い将来，ポケベルや携帯電話，自動車電話が普及していくなかでいっそう進行していくこととなろう」。

吉見俊哉が予測したように，携帯電話の普及によって，電子的個室の遍在化が進行するという事態は，すでに現実のものになっている。住居を抜け出て，街頭のあちこちでそうした事態が発生しており，電車やバスや自家用車といった乗り物のなかで，映画館や劇場やレストラン，さらには学校のなかにまで，電子的な空間が生み出されている。

このような公的な世界にプライベートな世界が入り込むと同時に，他方では，パソコンやインターネットの発達により，SOHO（Small Office Home Office）のように会社の仕事を自宅でこなすといった私的な世界へ公的な世界が入り込む現象も生じており，阿部潔（2002）は，これを〈公私のゆらぎ〉と呼んでいる。

今日，特に問題になるのは，電車内での携帯電話の利用のように，公的な空

間への私的世界の侵入であり、社会問題化するまでに至っている。ただ、この問題は、単にモラルの問題だけでなく、個人と集団との人間関係をめぐる問題でもある。たとえば、電車内で携帯電話を使っておしゃべりすることに対して、なぜ、まわりの人々は不快に思うのか。武田徹（2002）はおしゃべりがうるさいという理由だけでなく、公の場で私ごとにふける態度や周囲の〈他者〉の存在を無視する態度が反感をかうというと指摘している。つまり、公の場で「期待される態度」を無視して、プライベートな世界にふける姿にまわりの人々は不快感を覚えるのである。公の場で振る舞うべき態度や行動そのものが、携帯電話の登場によって変容しつつあるといってよい。

「期待される態度」の変容に関していえば、授業中の私語も同じである。島田博司（2002）は、近年、授業中の私語が沈静化し、そのかわりに携帯電話によるメール私語が横行するようになったと指摘している。そしてこれからは、携帯電話を用いたメール私語や通話私語を「ケータイ私語」、従来のおしゃべりによる私語を「マウス私語」と区別しなければならないと主張している。

これまで見てきたように、携帯電話という新たなメディアの登場は、私たちの人間関係とりわけコミュニケーションのあり方に少なからぬ影響を及ぼしている。しかし、この新たなメディアが私たちのコミュニケーションのあり方を根本的に変えてしまうのかというと疑問が残るといわざるを得ない。

携帯電話が登場しても、私たちは直接会って話しをする楽しさを手放すことはないし、授業中メール私語をやっても、おしゃべりをやめるわけではない。また〈公私のゆらぎ〉といっても、試験会場のように公の場で携帯電話の使用を厳禁すれば、ゆらぎ自体は生じることはないだろう。

さらにまた、自閉的な選択的人間関係に関しても、携帯電話がそうした自閉性を生み出しているわけではなく、都市化の進行に伴って、私たちの人間関係それ自体が、もともと、そうした傾向を抱え込んでいたのである。携帯電話やインターネットの登場によって私たちの生活が非常に便利になったことは確かだが、こうした新たなメディアに対する評価が定まるにはしばらく時間を要するであろう。

2．国際化の進展と人間関係

　IT化の進展と並んで，現代社会が直面している大きな問題の一つは，国際化の進展である。今日では，市場経済の世界的な拡大に伴って，国境を越えた「ヒト・モノ・情報」の大移動が生じ，国際社会のグローバル化が加速しつつある。こうした状況を背景に，国際社会の中で活躍する日本人の育成が政策課題として掲げられ，他方では国家・民族・言語・宗教などを異にする，さまざまな文化との共生が重要な問題として提起されている。国際化の進展は，単にモノやカネの移動だけではなく，それぞれ異なる文化的背景をもつ人間同士の交わりを生み出す。それは場合によっては，衝突や摩擦を引き起こすこともあるが，逆に，お互いの文化のあり方を見直し，豊穣化させるきっかけになることもある。

　本節では，国際化の進展と人間関係の問題について考えてみるが，ここでは，日本国内に滞在する外国人労働者の子どもに焦点をあて，内なる国際化の進展とその対応のあり方について見てみることにする。

（1）　内なる国際化への対応

　70年代以降，日本企業の海外進出に伴って国際化への対応が叫ばれるようになったが，教育の分野においても，この問題にどのように対応するかが重要課題の一つとして位置づけられるようになった。

　1984年に，戦後教育の総括をめざし，21世紀の教育のあり方を探る目的で設置された臨時教育審議会（臨教審）は，はじめてこの問題を正面から取り上げ，これからの教育において，国際化への対応が不可欠であることを強調した。経済成長によって，日本は「世界の中の日本」の位置を占めるようになり，「モノ」だけでなく，「ヒト」の交流が盛んになり，それに伴って新たな摩擦や緊張関係が生じるようになった。この問題に対処するには，異文化への理解を深めると同時に，自らの立場を世界のなかで鮮明に自己主張することが必要になる，と

主張したのである。

　その主張の大きな特徴は，単に外国の異文化理解にとどまらず，世界のなかで活躍する日本人の育成という側面を全面に打ち出した点である。「よき国際人はよき日本人であることを深く認識し，国を愛する心を育てる教育，日本文化の個性をしっかりと身に付けさせる教育とともに，諸外国の文化，伝統などについて理解を深めるための教育が確立されなければならない」（臨教審「第一次答申」）。つまり「自己を知ることが他を知ることの出発点」という認識から，日本の伝統や文化を知ること，国を愛する心を育成することが，教育の国際化の重要なテーマとされたのである。

　ところが，90年代以降，「入管法」（出入国管理及び難民認定法）の改正によって，中南米の日系人を中心とした外国人労働者が，日本国内に大量に流入するようになると，そこで新たに「内なる国際化」の問題がクローズアップされるようになった。それまでは日本人を中心とした国際化が問題とされ，海外に進出する日本人や，海外からの帰国子女への対応が重視されていたが，外国の人々をどう受け入れるかという，まさに受け入れ側としての国際化の問題が問われるようになったのである。それは，「国際的に活躍する日本人」という観点からは，対応できない問題であった。

　東南アジアの難民，中国の帰国者，中南米の日系人など，多くの外国の人々は，家族とともに来日したり，生活の安定後に家族を日本に呼び寄せたりした。このため，外国人の子どもたちの数が，90年代以降，急増することになり，学校の現場では，異文化の子どもたちへの対応が緊急の課題になった。

（2）　外国人の子どもへの対応

　現在，日本に長期にわたって滞在する外国人は約160万人で，そのうち在日韓国・朝鮮人など，古くから日本に住んでいる特別永住者は約51万人である。それ以外の人々が，いわゆるニューカマーと呼ばれる人々で，オールドカマーの数を上回っている。[1]

1）　法務省入国管理局「外国人登録者統計」2000年12月。

一方，日本の公立学校に在籍しているニューカマーの子どもたちは6万人に達しており，このうち日本語が不十分な子どもたちは，小学校で12,468人，中学校で5,694人，合わせて18,162人にのぼり，使用する母語は，65言語に及んでいるという。[1]

外国人の子どもが急増した時期には，受け入れ側である日本の学校では，準備があまり整わず，指導にあたる人々や日本語を教える教材が不足してかなりの混乱がみられたが，その後，徐々に受け入れ体制が整備され，当初の混乱状態は解消されつつある。

しかし，日本語の不十分な外国人の子どもたちに，教育現場でどのように接すればよいか，そこでの教育のあり方や異文化理解，あるいはアイデンティティの確立をめぐる問題など，根本的な問題はいまだに残り続けている。

地域によって多少異なるが，外国人の子どもの受け入れ体制は，まず外国人登録をすると，市町村の教育委員会から「就学案内」が送られてきて，外国人の子どもたちは希望をすれば，日本の小・中学校の教育を無償で受けることができる。

以前は，「外国人子弟の就学義務について日本の法律による就学義務はなく，また外国人がその子弟を市町村学校に入学させることを願い出た場合，無償で就学させる義務はない」[2]という立場を国はとっていたが，「世界人権規約」（1979年に批准）や「児童の権利条約」（1994年に批准）によって，「教育への権利はすべての者に保障される」こととなり，外国人の子どもにも適用されるようになった（手塚和彰，1995）。しかし，教育を受ける権利は保障されているが，その保護者に対する就学義務は課されておらず，なかには学校に行かない，いわゆる不就学の子どもも多くいる。また，仕事を求めて外国人労働者が転居するケースが多く，その際に外国人登録を行なわなかったために「就学案内」が届かないというケースもみられる（佐藤郡衛，1995）。

日本語が不十分な子どもが学校に入ると，まず最初に行なうのは，日本語指

---

1)　文科省調査，2001年9月現在。
2)　1953年1月，文部省，初等中等局回答。

導である。これは「取り出し指導」という形で，自分の属するクラス（原学級）における特定教科の時間（たとえば，国語や社会科の時間）に，別の教室に移動して，日本語に関する個別指導を受けることになる。担当するのはクラス担任が多いが，担任が授業のときには，その他の教員（校長，教頭など）が指導することもある。外国人の子どもの数が，ある一定数を超えると，学校内に「国際教室」や「日本語教室」が設置され，そこに専任の教員が加配される。専任といっても，日本語教育の専門家ではなく，一般の教員であり，必ずしも子どもの母語を理解できるわけではない。このため母語のできる人がボランティアとして「国際教室」で日本語指導を行なうケースもある。

　日本語がある程度理解できるようになると，補助の担当教員と一緒に原学級で授業を受けたり，「取り出し指導」の際に，日本語の指導だけでなく，教科学習の補習を受けたりするようになる。しかし，外国人の子どもといっても多様であり，日本語の理解力，母語能力，学習動機など，一人ひとり異なっている場合が多く，少ない人数の教員で，それぞれのニーズにきめ細かく対応するのは難しい。

（3）　日本語と教科理解

　日本語能力が不十分な外国人の子どもが，学校で教科学習の授業を受ける時，さまざまな困難が生じる。教員の行なう説明や指示を理解することができない，教科書に書かれた日本語を読んだり理解したりすることができない，試験の設問の意味がわからない等々……。もちろん，困難さの程度は，その子どもがおかれた状況によって，一人ひとり異なっているが，日本語がわからないことが教科理解の妨げになっている。

　ここでいう日本語能力とは，「話す」「聞く」「読む」「書く」という日本語に関する総合的な能力を意味する。このうち「話す」「聞く」は，基本的には会話に関わる言語能力で，「社会生活言語」といわれている。この会話能力がある程度ついても，そのこと自体が教科学習の理解に結びつくわけではない。教科学習には「読む」「書く」といった識字能力が不可欠であり，特に「漢字」を多用

する日本語の場合,「読んだり」「書いたり」することはかなり難しい作業である。

　教科学習の難しさは,漢字の難しさだけではない。教科専門の学習用語がわかりにくさを生んでいる。たとえば,理科の「中和反応」「仕事の原理」,社会の「鎌倉幕府」「三権分立」などは,日常会話レベルの日本語能力で理解するのは困難である。これらの用語を理解するためには,抽象的な概念が必要であるが,概念形成する時に用いる日本語能力が不足しているために,そうした操作が難しいのである。

　さらに日本と本国における学校文化の違いを挙げることができる。たとえば,掛け算九九の習得の有無,割り算のやり方の違い,音楽・家庭科という教科の有無,あるいは学校生活を過ごすうえでの規則や慣習の違いなど,学校文化をめぐるさまざまな相違が子どもに戸惑いを生み出し,学習面にも影響を与えることになる。しかし,それらの多くは子どもが学校生活に慣れるとともに,解消する問題でもある。

　その他,学習上の困難さを生み出す要因として,個人の資質や能力,母語の確立や滞日年数,家庭環境や国民性の違いなどがある。ここで特に注目すべきは,学習への動機づけである。動機づけの如何によって,学習に取り組む姿勢が異なるというのはよく知られていることである。この点について,宮島喬(2002)は,外国人の子どもの動機づけが,家族の移動によって左右される事実を指摘している。「出稼ぎ」のために来日した家族の場合,いつか帰国することを前提にしており,この滞在の暫定性が子どもの動機づけに反映し,日本の学校での勉強のあり方に影響を与えることになる。つまり,子どもたちはいまここでやっている勉強の必要性を自覚できず,中途半端な気持ちのままに学校生活を過ごすことになり,親もまた日本の学校教育に多くを期待せず,子どもに対する熱心な教育的働きを行なわないケースが多くみられるという。

(4)　母語をめぐる問題

　外国人の子どもにとって,日本語のハンディや学習の動機づけが,教科理解

を困難にしている点について述べたが，それと母語がどのように絡まるのか，この問題について見てみよう。

神奈川県下における中学校でのアンケート調査（1999年実施）[1]によれば，子どもの滞日年数と教科学習の理解度の関係について質問したところ，あまり相関関係がないという回答が多くみられた（広瀬隆雄，2001）。この質問は，日々，外国人の子どもと接している国際教室担当教員に対して行なったもので，「滞日年数が長いほど教科学習上の困難は小さくなる」と回答したのは35％に過ぎず，そのほかの教員は，「関係ない」あるいは「どちらでもない」と答えている。

一般に滞日年数が長くなるに従って日本語が身につくようになり，日常会話を日本語で十分こなせるようになる。しかし，それと比例して母語の力は落ちていく。まさに日本語の習得の過程は，母語の喪失過程なのである（太田晴雄，1966）。一方，滞日年数が短いということは，日本語は不十分であるが，母語能力が高いことを意味する。そして上記のアンケート結果は，教科学習の理解が日本語だけでなく，母語能力にも関連していることを示唆している。

同じ調査の中で，学習と母語に関する質問事項に対して，ある教員は「日常会話で全く日本語に不自由していない生徒でも，教科学習になると理解できない生徒は，抽象思考の確立がどちらの言語でもなされていないように感じる。母語でしっかりと抽象概念が確立された子は，日本語を理解し始めると理解度が早い」と答えている。

つまり，母語で学習思考言語を確立した子どもは，日本語による学習内容を一度，それに置き換えることによって理解が容易になるということである。逆に，日本語による抽象的・論理的思考が不十分で，母語も十分に身についていない子どもの場合には，どっちつかずの状態におかれ，学習理解に困難をきたすのである。

学習言語としての母語の重要性は以前から指摘されてきたが，現実には母語が多様であること，教えられる人材が不足していることなどの理由によって，

1）調査結果は，『学習と進路の保障をもとめて』神奈川県教育文化研究所，2001年に所収

学校現場における母語教育はあまり行なわれていない。母語の重要性は，教科学習以外に，子ども自身の帰属意識すなわちアイデンティティの確立や，帰国後の本国における教育・生活環境への順応を考える上でも軽視できない問題である。さらに家庭内における親子のコミュニケーションのあり方にも大きな影響を及ぼしている。

　外国人の子どもは日本の学校生活に慣れるとともに，社会生活言語としての日本語を自然に身につけ，しゃべれるようになるが，保護者の場合，必ずしも日本語が話せるわけではなく，母語にたよるケースが多い。そこで，家庭内で子どもたちは日本語を話し，保護者は母語を話すというバイリンガルな状況が生まれることになる。なかには母語の保持のために子どもたちに意図的にそれを使う保護者もいる。

　日本語に慣れた子どもたちは，ある程度，母語を話したり，聞いたりすることはできるが，込みいった話や読み書きになるとついていけず，母語による親子のコミュニケーションがうまくいかない場合もある。

　先の調査の中で，筆者は外国人の子どもへのインタビューを行なったことがある。3歳のときにカンボジアから来日した中学2年の男子生徒であったが，家庭内で両親が子どもに話しかける言語はカンボジア語で，兄弟同士の会話のときには日本語を使用するという。本人はカンボジア語を話せるが，書くことはできない。また両親は子どもに覚えてもらいたいという気持ちから意図的にカンボジア語を使うが，本人は恥ずかしいので，もっぱら日本語を使うとのことだった。

　小島祥美（2001）は，日系ペルー人家庭の参与観察と面接調査を通して得た結論として，同様の指摘をしている。「家庭内では母語保持のために意識的に母語を使用しているにも関わらず，子ども達は日々の環境から日常会話である日本語に慣れ，滞日日数に比例し母語を喪失しつつある。そして，家庭内はもとより，日常において母語使用を拒む傾向にある」。いずれも日本語に慣れた子どもたちが家庭内において，母語を使うことに恥ずかしさや抵抗感を感じており，バイリンガルな家庭状況におけるコミュニケーションの難しさを物語って

いる。

（5）国際化をめぐる課題

これまで外国人の子どもへの対応を通して，内なる国際化の問題についてみてきた。そこでの対応は，一言でいえば，日本の学校生活に適応させることを最優先にした，日本語指導と適応指導中心の対応といえるだろう。しかし日本語がしゃべれるようになっても，教科学習上の困難は依然として存在し，他方では母語の喪失によってアイデンティティの確立や親子のコミュニケーションが困難になっている。また言葉の問題やいじめが原因で，日本の学校になじめない子どもも増えている。

こうした中で子どもたちの保護者が立ち上がり，自分たちの学校をつくろうという動きもみられる。たとえば愛知，静岡，群馬を中心に90年代の半ば頃からブラジル人学校が各地に創設されている。そこでは本国で使用されている教科書を用いて，ポルトガル語による授業が行なわれている。いつ帰国してもいいように，本国と同じ内容の教育を受けたいという保護者の要望も強い。

しかし，学校といっても学校法人の資格がないので，公的機関から補助を受けられず，そのほとんどは学習塾と同じ扱いで，財政的に苦しい状況におかれている。このため，学校運営の収入源は授業料に頼らざるを得ず，保護者に重い負担を課すことになる。長引く不況の中で，経済的な事情により，ブラジル人学校に通うことができない子どもが増加しており，結果的に，日本の学校にも，またブラジル人学校にも行かないという子どもの不就学問題が深刻化している。

日本の学校の中に外国人の子どもが入り込むことは，日本人の子どもにとって，まさに異文化と接する機会となる。そして，外国人の子どもにとっても，日本の学校文化を通して，異質な文化を体験することになる。しかし，単なる異文化の接触に終わらせるのではなく，そのことが自文化のあり方を見直すきっかけとなり，お互いの文化を豊穣化していく契機となることが望ましい。しかし内なる国際化の進展によって，日本の文化や教育のあり方がどれだけイ

2. 国際化の進展と人間関係

ンパクトを受けて変わったのか、その中身はいまだに見えてこない。外国人の子どもの日本文化への適応あるいは同化という、一方的な関係性のみが展開されてきたのではないか。

そもそも異文化という時、私たちが思い浮かべるのは、国籍や言語の違う人々の文化や価値観を指す場合が多い。それは私たちの文化、すなわち自文化と基本的に異なるという前提に立っている。しかし、国籍、民族、宗教、言語の異なる人々の文化を、異文化という形で一括り(ひとくくり)にしてしまうことは、その内部に存在する個々人の異質性や多様性を見えにくくしてしまう危険性を伴う。

倉地暁美（1998）は、私たちと外国人の「関係を阻むものは、人はみな、それぞれある意味で異質な存在であるにも関わらず、違った国籍や民族的背景をもった人達だけをとりたてて我々とは異質であると誇張し、彼らと関わるときには、ことさら心してかからなければ大変なことになると言う暗示を与えること」と述べている。たとえ国籍や言語を異にしても、私たちと考えや価値観が一致する外国人もいれば、同じ国籍・言語であっても了解不能な人もいる。外国人というだけで私たちとは考え方が違うのだと決めつけることが、お互いの関係性をときには阻害することになる。異文化との相互交渉により自文化を豊かにするという時、それは何も外国人とは限らず、私たちの身近なまわりにいる他者との出会いから始まるという視点をもつことも大切である。

引用・参考文献

第1章

F. テンニース著　杉乃原寿一訳『ゲマインシャフトとゲゼルシャフト』岩波文庫　1957.

D. リースマン著　加藤秀俊訳『孤独な群集』みすず書房　1964.

G.H ミード著　稲葉三千男，滝沢正樹，中野収訳『精神，自我，社会』青木書店　現代社会学体系第10巻　1973.

三隅二不二『リーダーシップ行動の科学』有斐閣　1984.

第2章

Altman, I., Vinsel, A.,& Brown, B. B. Dialectic conceptions in social psychology:An application to social penetration and privacy regulation. In L. Berkowitz(Ed.) *Advances in experimental social psychology*, Vol. 14, Academic Press. 1981.

Anderson, N. H. Likableness ratings of 555 personality-trait words. *Journal of Personality and Social Psychology*, **9**, 272-279, 1968.

Aronson, E., & Linder, D. Gain and loss of esteem as determinants of interpersonal attractiveness. *Journal of Experimental Social Psychology*, **1**, 156-171, 1965.

Aronson, E., Willerman, B., & Floyd, J. The effect of a pratfall on increasing interpersonal attractivenes. *Psychonomic Science*, **4**, 227-228, 1966.

青木孝悦「性格表現用語の心理学辞典的研究―455語の選択、分類、および望ましさの評定―」『心理学研究』**42**, 1-13, 1971.

Bradbury, T. N., & Fincham, F.D. Attributions and behavior in marital in interaction. *Journal of Personality and Social Psychology*, **63**, 613-628, 1992.

Byrne, D., & Nelson, D. Attraction as a linear function of proportion of positive reinforcements. *Journal of Personality and Social Psychology*, **1**, 659-663, 1965.

Cummingham, M. R. Measuring the physical in physical attractiveness: Quasiexperiments on the sociobiology of female facial beauty. *Journal of Personality and Social Psychology*, **50**, 925-935, 1986.

Cummingham, M. R., Barbee, A. P., & Pike, C. L. What do women want? Facial metric assessment of multiple motives in the perception of male facial physical attractiveness. *Journal of Personality and Social Psychology*, **59**, 61-72,

1990.

Dutton, D. G., & Aron, A. P. Some evidence for heightened sexual attraction under conditions of high anxiety. *Journal of Personality and Social Psychology*, **30**, 510-517, 1974.

Festinger, L., Schachter, S., & Back, K. *Social pressures in informal groups : A study of human factors in housing.* Haper & Row. 1950.

藤原武弘・黒川正流・秋月左都士 「日本版 Love-Liking 尺度の検討」『広島大学総合科学部紀要Ⅲ』7, **265-273**, 1983.

Hays, R. B. The development and maitenance of friendship. *Journal of Personal and Social Relationships*, **1**. 75-98. 1984

Heilman, M. E., & Saruwatari, L. R. When beauty is beastly:The effects of appearance and sex on evaluations of job applicants for managerial and nonmanagerial jobs. *Organizational Behavior and Human Performance*, **23**, 360-372, 1979.

飛田操「失恋の心理」 松井豊編 『悲嘆の心理』 サイエンス社 Pp. 205-218, 1997.

G.C. ホーマンズ著 橋本茂訳『社会行動―その基本的形態』誠信書房 1978. (Homans, G. C. *Social behavior:Its elementary forms.* Harcourt, Brace, Jovanovich. 1974.)

Johns, E. E., & Pittman, T. S. Toward a general theory of strategic self-presentation, In J.M.Suls(Ed.). *Psychological perspectives of the self.* Vol.1. Lawrence Erlbaum Associates. 1982.

Knapp, M. L. *Interpersonal communication and human relationships.*Boston:Allyne & Bacon, Inc. 1984.

La Gaipa, J. J. Testing a multidemensional approach to friendship. In S. Duck Ed. *Theory and practice in interpersonal attraction.* Academic Press. Pp. 249-270, 1997.

Lee, J. A. A typology of styles of loving. *Personality and Social Psychology Bulletin*, **3**, 173-182, 1977.

Levinger, G. A. Three-level approach to attraction:Toward an understanding of pair relatedness. In T. L. Huston(Ed.)*Foundations of interpersonal attraction.* Academic Press. 1974.

Murstein, B. I. Physical attraction and marital choice. *Journal of Personality and Social Psychology*, **22**, 8 -12. 1972.

永田良昭「仲間関係の変貌」『教育心理』37, 180-183, 1989.

Rubin, Z. Measurement of romantic love. *Journal of Personality and Social Psychology*, 16, 265-273, 1970.

Rusbult, C, E., Johnson, D, S., & Morrow, G, D. Impact of couple patterns of problem solving on distress and nondistress indating relationships.*Journal of Personality and Social Psychology*, 503 744-753, 1986

Snyder, M. Self-monitoring and expressive behavior. *Journal of Personality and Social Psychology*, 30, 526-537,1974.

和田実「関係進展:崩壊と情動コミュニケーション」諸井克英・中村雅彦・和田実(著)『親しさが伝わるコミュニケーション』金子書房 Pp. 74-113, 1999.

Walster, E. The effect of self-esteem on romantic liking. *Journal of Personality and Social Psychology*, 1, 184-197, 1965.

Walster, E., Aronson, V., Abrahams, D., & Rottman, L. Importance of physical attractiveness and in dating choice. *Journal of Personality and Social Psychology*, 4, 509-516, 1966.

Walster, E., Bersheid, E., & Walster, W. New direction in equity research. In L. Berkowiz & E. Walster(Eds.) *Advances in experimental social psychology*, Vol.9 Academic Press. Pp. 1-42, 1976.

山口一美「自己宣伝におけるスマイル、アイコンタクトとパーソナリティ要因が就労面接評価に及ぼす影響」『実験社会心理学研究』42, 55-65, 2002.

山口一美・小口孝司「サービス産業における採用および就労満足に関連するパーソナリティ」『社会心理学研究』16, 83-91, 2000.

Zajonc, R. B. Attitudinal effects of mere exposure. *Journal of Personality and Social Psychology*(Monograph Suppl.,Pt.2), 1-29, 1968.

第3章

間場寿一編『社会心理学を学ぶ人のために』世界思想社 1986.

Asch, S.E. 1946 Forming impressions of personality. *Journal of Abnormal and Social Psychology*, 41, 258-290 1946.

Bandura, A. Influence of model's reinforcement contingencies on the acquisition of imitative responses. *Journal of Personality and Social Psychology*, 60, 52-63 1965.

Bandura, A. *Social learning theory*. Prentice-Hall. 1977（原野広太郎監訳『社会的学習理論―人間理解と教育の基礎』金子書房　1979）

Barron, R. A. *Human Aggression*. New York: Plenum Press. 1980（度會好一訳『人間と攻撃』日本ブリタニカ　1980）

Berkowitz, L. & Geen, R. G. Film violence and cue properties of available target. *Journal of Personality and Social Psychology*, 3, 525-530, 1966.

Brehm, J. W. *A theory of psychological reactance*. Academic Press, 1966.

Buss, A. H. *The Psychology of Aggression*. Wiley, 1961.

Chaiken, S., & Eagly, A.H. Communication modality as a determinant of message persuasiveness and message comprehensibility. *Journal of Personality and Social Psychology*, 34, 605-614, 1976.

Cooley, C. H. *Human Nature and the Social Order*, Schocken Books, 1902.

Dollard, J., Doob, L.W., Miller, N. E., Mowrer, O. H., & Sears, R. R. *Frustration and Aggression*. New Haven, Conn: Yale University Press, 1939.

Duval, S., & Wicklund, R. A. *A theory of objective self-awareness*, Academic Press, 1972.

遠藤辰雄編『アイデンティティの心理学』ナカニシヤ出版 1981.

Feshbach, S. The drive-reducing function of fantasy behavior. *Journal of Abnormal and Social Psychology*, 1955, 50, 3-11, 1955.

Freud, S. Massenpsychologie und Ich-Analyse, 1921.

古畑和孝編『社会心理学小辞典』有斐閣　1994.

Hovland, C. I. & Weiss, W. The influence of source credibility on communication effectiveness. *Public Opinion Quarterly*, 15, 635-650, 1951.

Hovland, C.I., Janis, I. L. & Kelly, H. H. Communication and persuasion. New Haven: Yale University Press, 1953（辻正三・今井省吾訳『コミュニケーションと説得』誠信書房　1960）

Hovland, C. I., & Janis, I. L. *Personality and persuasibility*. New Haven, CN: Yale University Press, 1959.

伊藤公雄・橋本満編『はじめて出会う社会学』有斐閣　1998.

梶田叡一『自己意識の心理学』東京大学出版会　1988.

Kelley, H. H. The warm-cold variables in first impressions of persons. *Journal of*

Personality, **18**, 431-439, 1950.

Latané, B. & Darley, J. M. *The unresponsive bystander: Why doesn't he help?* Appleton-Century-Crofts, 1970（竹村研一・杉崎和子訳『冷淡な傍観者―思いやりの社会心理学』ブレーン出版　1977）

Lorenz, K. *Das Sogenannte Bose*. Wien: Borohta-Schoeler Verlag, 1963（日高敏隆・久保和彦訳『攻撃』みすず書房　1985）

Luft, J. *Group Processes; an introduction to group dynamics*. Palo Alto, CA: National Press Books, 1963. (1970, 2 nd Ed.)

McGuire, W. J. Personality and susceptibility to social influence. In E. F. Borgatta & W.W. Lambert (Eds.), *Handbook of personality theory and research*. Chicago: Rand McNally, 1130-1187, 1968.

Mead, G. H. *Mind, Self and Society*, University of Chicago Press, 1934（稲葉三千男・滝沢正樹・中野収訳『精神・自我・社会』青木書店　1973）

小川一夫監修『社会心理学用語辞典』北大路書房　1995

小川待子パフォーマンス能力の概念化に関する心理学的考察―自己呈示の必要性とその問題点をめぐって― パフォーマンス研究 No.9, 16-25 国際パフォーマンス学会, 2002.

第4章

Adler, Ronald B. and Neil Towne, *Looking Out / Looking In　Interpersonal Communication*, Fourth Edition, CBS College Publishing, Holt Rinehart and Winston, 1984.

青池愼一「オピニオン・リーダーの発信行動に関する一考察」『日経広告研究所報』204号 日経広告研究所, 2002.

Andersen, Kenneth E., *Introduction to Communication Theory and Practice*, Cummings Publishing Company, Inc., 1972.

Berlo, David K., James B. Lemert and Robert J. Mertz, Dimensions for Evaluating the Acceptability of Message Sources, *Public Opinion Quarterly*, 33 (winter), 1970.

Devito, Joseph A., *The Communication Handbook　A Dictionary*, Harper and Row, Publishers, Inc., 1986.

Gantz, Walter, The Diffusion of News About the Attempted Reagan Assassination, *Journal of Communication*, 33(Winter), 1983.

Gantz, Walter, Kathy A. Krendl and Susan R. Robertson, Diffusion of a Proximate

News Event, *Journalism Quarterly*, 63(Summer), 1986.

Haroldsen, Edwin O. and Kenneth Harvey, The Diffusion of "Shocking" Good News, *Journalism Quarterly*, 56(Winter), 1979.

Hovland, Carl I. and Walter Weiss, The Influence of Source Credibility on Communication Effectiveness, *Public Opinion Quarterly*, 15(Winter), 1951.

Katz, Elihu and Paul F. Lazarsfeld, *Personal Influence*, The Free Press, 1955.

金官圭「パソコン通信におけるコミュニケーションの特徴とその利用に関する研究」『マス・コミュニケーション研究』49日本マス・コミュニケーション学会,1996.

Larsen, Otto N. and Richard J. Hill, Mass Media and Interpersonal Communication in the Diffusion of a News Event, *American Sociological Review*, 19(August), 1954.

McCroskey, James C., Carl E. Larson and Mark L. Knapp, *An Introduction to Interpersonal Communication*, Prentice-Hall, Inc., 1971.

Rogers, Everett M. and D. Lawrence Kincaid, *Communication Networks Toward a New Paradigm for Research*, The Free Press, 1981.

Weimann, Gabriel, *The Influentials : People Who Influence People*, State University of New York Press, 1994.

第5章

Argyris, C. *Personality and Organization: The Conflict between System and the Individual* . New York: Haper & Row. 1957.(伊吹山太郎・中村実訳『新訳組織とパーソナリティ』日本能率協会 1970.)

Herzberg, F. *Work and the Nature of Man.* Cleaveland: World., 1966.
(北野利信訳『仕事と人間性』東洋経済新報社 1968.)

Maslow, A. H. *A theory of human motivation.* Psychological Reveiw. 50, 1943.

Maslow, A. H. *Motivation and Personality.* 2 nd. ed. New York: Haper & Row. 1954.
(小口忠彦訳『人間性の心理学』産業能率大学出版部 1971.)

Mayo, E. *The Human Problems of Industrial Civilization.* New York : Macmillan. 1933.(林木栄一訳『産業文明における人間問題 ホーソン実験とその展開』 日本能率協会 1967.)

三隅二不二『リーダーシップ行動の科学(改訂版)』有斐閣 1984.

森脇道子編『人間関係論』建帛社 1988.

中根千枝『タテ社会の人間関係』講談社 1967.
Roethlisberger, J,. & Dickson, W. J. *Manegment and the Worker.* Cambrigde, MA : Harvard University Press. 1939.
田尾雅夫『新版組織の心理学』有斐閣 1991.
Taylor, F. W. *The Principles of Sccentific managment,* New York: Harper, 1911（上野陽一訳編『科学的管理法』産業能率大学出版部 1957.）

第6章

阿部潔『日常のなかのコミュニケーション』北樹出版 2000.
古瀬幸広・廣瀬克哉『インターネットが変える世界』岩波新書 1996.
広瀬隆雄「外国人生徒と教科学習」『学習と進路の保障をもとめて』神奈川県教育文化研究所 2001.
木村忠正『デジタルデバイドとは何か』岩波書店 **192-193** 2001.
KOBE 外国人支援ネットワーク編『日系南米人の子どもの母語教育』神戸定住外国人支援センター 2001.
小島祥美「日系ペルー人家庭との関わりから」KOBE 外国人ネットワーク編『日系南米人の子どもの母語教育』 **49** 2002.
倉地曉美『多文化共生の教育』勁草書房 **23** 1998.
宮島喬・加納弘勝編『国際社会2 変容する日本社会と文化』東京大学出版会 2002.
村井純『インターネット』岩波新書 1995.
中西晃・佐藤郡衛『外国人児童・生徒教育への取り組み』教育出版 1995.
岡田朋之・松田美佐編『ケータイ学入門』有斐閣選書 2002.
斎藤嘉博『メディアの技術史』東京電機大学出版局 1999.
佐藤卓己『現代メディア史』岩波書店 1998.
島田博司『メール私語の登場』玉川大学出版部 2002.
立花隆『インターネットはグローバル・ブレイン』講談社 1997.
武田徹『若者はなぜ「繋がり」たがるのか』PHP 研究所 2002.
手塚和彰『外国人と法』有斐閣 1995.
吉見俊哉『メディア時代の文化社会学』新曜社 **66** 1994.
吉見俊哉・若林幹夫・水越伸『メディアとしての電話』弘文堂 1992.

さくいん

あ

アージリスの成熟理論　94
愛情　33
IT化　106, 107
IT人づくり計画　107
アイデンティティ　119, 123
アンダーセン（Andersen）モデル　67, 70
暗黙裡の性格観　41

い

イスラム教　14
異性間の対人魅力　19
一面呈示　51
意図的コミュニケーション　66
異文化　125
異文化コミュニケーション　9, 14
異文化理解　118, 119
印象形成　42
インターネット　108
インフォーマルな集団　8
インフォーマルな人間関係　5

う

ウェブ携帯　110
受け手　71
受け手の記号化と解読　75

ウチ　12
ウチ・ソト意識　13, 98
内なる国際化　117
運命的な集団　81

え

衛生要因　93
SVR理論　31
X型の人　92
XY理論　91
援助行動　44

お

送り手　70, 73
送り手行動　73
送り手のイメージ　74
送り手を評価する次元　74

か

カースト　14
階段モデル　29
解読　69
回避　29
外面的魅力　20
科学的管理法　85, 86
学習型集団　82
家族関係　3
学校における人間関係　5
仮定された類似性　41
関係崩壊　29
関係崩壊後の行動　30

観察者効果　48
寛大効果　41
官僚制組織モデル　84

き

記号化　69
客我　38
QC　89, 103
QCサークル　90
鏡映的自己　37
境界化　29
兄弟姉妹関係　4
協働意欲　83
嫌いな性格　17
嫌われる性格　17
禁忌　14

く，け

くい違い　29
偶発的コミュニケーション　66
携帯電話　109
ケータイ私語　116
ゲゼルシャフト的人間関係　6
ゲマインシャフト的人間関係　6

こ

好意　33
合意型集団　82
好意度　18, 20, 25

好感度　18, 23
攻撃行動　44, 48
高コンテキスト型の文化　11
公式組織　83, 84
交渉　54
行動科学　91
行動型集団　82
衡平モデル　27
顧客最優先の経営　104
顧客満足　104
国際化　124
国際化の進展　117
国際教室　120
個人間コミュニケーション　61
コミュニケーション　56, 64, 83
コンテキスト　10

さ, し

三者関係　3
CI　103
CS　103
CSI（顧客満足指数）　104
ジェスチャー　10
自己意識　38
自己開示　31, 57
自己概念　37
自己覚知　38
自己受容　39
自己呈示　21
自己評価　26
自主行動基準　88
自尊感情　39, 53
しつけ　2
自発的・選択的集団　81
自閉的な選択的人間関係　114
社会強制による集団　81
社会生活言語　120, 123
社会的交換理論　27
社会的浸透理論　31
社会的相互作用　37
社会的怠惰　47
社会的手抜き　47
終焉　29
終身雇用　101
集団　81
集団主義　13
収斂型コミュニケーション　61, 62
主我　38
儒教文化圏　13, 14
承諾先取り要請法　55
象徴　69
少年期　3
譲歩の要請法　55
職場のモラール　8
初頭効果　44
ジョハリの窓　58
人縁主義　14
身体的魅力　19
身体的魅力度　20
心的反応　30
シンボル　69
親密化のプロセス　30, 31
親密度の4段階発達論　31
親密な選択的人間関係　114
心理的リアクタンス理論　54

す, せ, そ

ステレオタイプ的認知　42
スリーパー効果　51
性格特性　17
性格表現語　17
接触の効果　24
説得　50
説得的コミュニケーション　50
セルフ・モニタリング　21, 38
選択的人間関係　113, 114
組織　82
ソト　12

た行

第一次的人間関係　78, 79
対人観　11
対人コミュニケーション　56
対人認知　39
態度の類似性　24
タテマエ（建前）　12
他人指向的人間　4
タブー　14
段階的要請法　55
知的能力　18
チャネル　52, 72
中心特性語　43

超自我 3
治療型の集団 82
直接要請法 54
出会いの人間関係 17, 23
低コンテキスト型の文化
　　　　　　　　　11
停滞 29
テイラー・システム 86
出来事の解釈 28
敵対的関係 44
電子的個室 115
電子メディア 112
ドアインザフェイス 55
動機づけ要因 93

な行

内部指向的人間 4
ナジミ 12
二者関係 3
日米韓の対人観 11
日米の経営比較 101
日米の民族性の比較 100
日本的経営 100
日本的リーダーシップ 99
日本的リーダーシップ論
　　　　　　　　　98
ニューカマー 118
ニュース・バリュー 77
2要因説 93
人間関係論 9, 85, 89
認知 68
ネゴシエーション 54
年功序列 102
望ましい性格 17

は行

ハロー・エフェクト 41
番通選択行為 114
PM理論 95
P機能とM機能 7
非公式組織 83, 84
非説得性 53
一人っ子 4
ヒンズー教 14
不安傾向 53
フィードバック 58
Vサイン 10
ブーメラン効果 54
フォール・コンセンサス効果 42
フットインザドア 55
物理的な距離 23, 26
傍観者効果 45
報酬性 25
ホーソン実験 85, 87
母語 121
母子関係 1
ホンネ(本音) 12

ま行

マウス私語 116
ミウチ 12
三隅二不二のPM理論 96
未成熟─成熟理論 93
未成熟から成熟へ 94
魅力 19
魅力度 20
「見る自己」と「見られる自己」 5
無意図的コミュニケーション 66
メッセージ 64, 65, 72
メディア・コミュニケーション 108, 109
面接場面 21
目的的コミュニケーション
　　　　　　　　　66
目標による管理 91
モチベーション 93
モデリング 49
モラール 8

や行

野生児 2
友情を構成する要因 32
友人関係 32
ユダヤ教 14
幼児期 1
ヨソモノ 12
欲求5段階説 92
欲求階層モデル 92
欲求の5段階説 91

ら行

ラマダン 14
リーダーシップ 4, 7, 94
リニア型コミュニケーション 61
両面呈示 51
恋愛 35
恋愛関係の型 33
労働組合 102

老年期の人間関係　9
ローボール　56

わ行

Y型の人　92

執 筆 者

青池愼一（あおいけ・しんいち）
　現在　慶應義塾大学大学院社会学研究科博士課程修了
　　　　慶應義塾大学名誉教授，社会学博士
　主著　『日常生活とコミュニケーション』（共著）慶應通信／『オピニオン・リーダーの発信行動に関する一考察』日経広告研究所報204号日経広告研究所

小玉敏彦（こだま・としひこ）
　　　　早稲田大学文学部大学院博士課程（社会学）修了
　現在　千葉商科大学商経学部教授
　主著　『韓国工業化と企業集団』学文社，『産業社会学』（共著）学文社

福井　要（ふくい・よう）
　　　　甲南大学大学院自然科学研究科　修士課程修了
　　　　アメリカ国際経営大学院卒業　国際経営学修士
　現在　大手前栄養学院専門学校学院長
　主著　『社会文化の諸相』（共著）―組織における権限の普遍的概念について―発行大手前女子大学

小川待子（おがわ・まちこ）
　　　　筑波大学大学院修士課程教育研究科カウンセリング専攻修了
　元　　東京経営短期大学教授
　主著　『なかなか判断できない人　たしかな判断ができる人』（単著）中経出版，『ビジネスワーク総論』（共著）同文書院

広瀬隆雄（ひろせ・たかお）
　　　　東京大学大学院教育学研究科博士課程単位取得退学
　現在　桜美林大学教授
　主著　『生涯学習と人権‐理論と課題』（共著）明石書店
　　　　『大学カリキュラムの再編成』（共著）玉川大学出版部

山口一美（やまぐち・かずみ）
　　　　立教大学大学院文学研究科心理学博士課程後期課程修了博士　（心理学）
　現在　文教大学教授
　主著　『自分らしく仕事をしたいあなたへ』（単著）大和書房，『エミネント・ホワイト－ホワイトカラーへの産業・組織心理学からの提言』（共著）北大路書房

要説人間関係論

平成15年 4 月 2 日　初版発行
平成26年 2 月18日　第10刷

著者Ⓒ　青　池　愼　一
　　　　小　川　待　子
　　　　小　玉　敏　彦
　　　　広　瀬　隆　雄
　　　　福　井　　　要
　　　　山　口　一　美

検印廃止

発行者　大　塚　栄　一

発行所　株式会社　樹村房

〒112-0002　東京都文京区小石川 5 丁目11番地 7 号
電　話　東　京　（03）3868-7321㈹
ＦＡＸ　東　京　（03）6801-5202
http://www.jusonbo.co.jp/
振　替　口　座　00190-3-93169

製版印刷・製本／亜細亜印刷

ISBN978-4-88367-099-4
乱丁・落丁本はお取り替えいたします。